D1718593

Rainer Zimmermann
Philosophische Seitensprünge

RAINER ZIMMERMANN
Philosophische Seitensprünge

Gedanken über Gott und die Welt

UNiVERSiTAS

Bitte besuchen Sie uns im Internet unter
www.herbig-verlag.de

Schutzumschlag: g@wiescher-design.de
Satz: Fotosatz Völkl, Inzell/Obb.
Gesetzt aus der 11,5/15 Punkt Minion
Druck und Binden: GGP Media GmbH, Pößneck
Printed in Germany
ISBN: 978-3-8004-1476-5

Inhalt

❦ ❦

❦ ❦

Ein kurzes Wort zuvor

Jeder Gedanke, der sich in uns bildet, ist eine Antwort. Eine Antwort, die – wie das deutsche Wort bezeugt – das Danken einschließt, weil sie auf eine Frage eingeht, die uns beunruhigt.

Der gedankliche Einfall, das, was sich in unserem Bewußtsein als Erkenntnis verdichtet, geschieht als ein ganz persönliches Ereignis, als eine so vielleicht noch nie geschehene oder eine so nie wieder eintretende Begegnung unserer Person mit der Welt. Trifft uns der Gedanke eines anderen wie unser eigener, dann befreit er uns aus der Verlassenheit des Subjekts und bezieht uns in eine Gemeinschaft des Gedankens, des Dankens ein. So lesen wir – seit es die Schrift gibt – mit freudiger Überraschung Einsichten anderer Menschen, sobald sie auf unsere offenen Fragen eine Antwort geben: Grund genug, zu zitieren. Auch ich habe das immer getan, sobald sich dazu eine Gelegenheit bot. Der Leser dieser Aufzeichnungen, der sich über die in den Zitaten angesprochenen Themen eingehender unterrichten möchte, findet im Literaturregister die einschlägige Veröffentlichung unter dem genannten Autorennamen verzeichnet.

Diejenigen, die von meiner lebenslangen Beschäftigung mit der Bildkunst wissen, werden sich vielleicht wundern, daß das Kapitel über die Kunst in diesem Notizbuch nicht etwas umfangreicher ausgefallen ist. Die Erklärung ist einfach: Meine gesammelten Gedanken dazu finden sich in der gesonderten Publikation, die unter dem Titel »Die Überlistung des Todes« den Versuch einer zeitgemäßen Theorie der Bildkunst unternommen hat. Auch meine Meinungen zur Moderne und ihrer Kunst habe ich einem eigenen Bändchen anvertraut. Die sich außerhalb meiner wissenschaftlichen Arbeit gelegentlich einstellenden Beobachtungen und Erkenntnisse habe ich – sozusagen als gedankliche Seitensprünge – in den folgenden Aufzeichnungen festgehalten. Es wäre eine schöne Belohnung für den Autor und den Verleger, wenn der Leser dieser Anmerkungen den Eindruck gewönne, daß unsere aufgeklärte Welt, je durchsichtiger sie zu werden scheint, um so mehr Geheimnisse, Denkwürdiges und Dankenswertes für uns Menschen bereithält.

Rainer Zimmermann

Woran erkennt man den Menschen?

Der Mensch als Geheimnis

Da der Mensch nicht der Wirklichkeit des Seins ansichtig wird, sondern mithilfe seiner Sinneswahrnehmungen nur Eindrücke empfängt und sie zu »Bildern« (nicht nur im Augensinne) ordnet, die auf für ihn lebenswichtige Aspekte des Seins verweisen, wird ihm nicht so sehr Gott, der ihm verborgen bleibt, als vielmehr er selbst, der Mensch, zum eigentlichen Geheimnis der Welt.

Der Mensch Adam

Adam war schon Mensch, als Gott ihn geschaffen hatte. Aber erst als Gott ihn mit seinem Namen anrief und Adam antwortete, wußte er, daß er Mensch sei.

※ ※

Creatura creatrix

Der Mensch wird ebenso durch sein Schöpfertum wie durch seine Geschöpflichkeit definiert. Man kann diesem »Kulturwesen« nur gerecht werden, wenn man es »*als Erzeuger und Erzeugnis seiner Kultur begreift*«. Der Mensch ist die Creatura creatrix, das schöpferische Geschöpf. Als isoliertes Individuum ist er nicht zu begreifen und vermag er sich selbst nicht zu begreifen.

※ ※

Das halbvollendete Geschöpf

Dem Menschen als dem von der Natur nur »halbvollendeten Geschöpf« mußte als Ausgleich ein Funke der Schöpferkraft verliehen werden, damit er sich selbst vollenden kann. Darin beruht seine Freiheit und seine Gefährdung.

10

Menschwerdung als Regelverletzung

In seinen »Fragmenten aus dem Tagebuch eines Geistersehers« (1787) stellt Karl Philipp Moritz die Frage: »*Sind die Menschen von der Natur abgewichen; wann sind sie denn davon abgewichen?*« Darauf antwortet Erwin Chargaff mit der Einsicht, »*daß die Menschwerdung selbst und an sich eine Verletzung der Normen der Natur ist*«. In der Tat: Keiner, der unseren aufrechten Gang mit einem Bandscheibenschaden und Hüftgelenksschmerzen abbüßt, wird ihm zu widersprechen wagen. Aber gerade das, was der christliche Glaube als die Erbsünde bezeichnet, sieht Chargaff als die tragische Sendung des Menschen an: »*Rechnet man den Menschen zur Natur, so scheint mir, daß seine Funktion … darin liegt, daß er ihr Gleichgewicht stört und auf diese Weise erprobt. Er ist die Ausnahme, die die Regel beweist.*« Und Chargaff wäre nicht der in Czernowitz gebürtige Österreicher, wenn er nicht daraus die katastrophische Gewißheit ableitete: »*Und die Regel bleibt immer die gleiche: die Natur wird siegen; aber erst, wenn es keine Menschen mehr gibt.*«

Der Mensch als Geschöpf

Jedes Lebewesen bleibt Teil der Welt, in der es lebt. Die Pflanze ist auf Gedeih und Verderb ein unverrückbares Stück der Landschaft, in der sie wächst. Selbst beim beweglichen Tier, das sich bestimmten Einflüssen durch Wanderung entziehen kann, ist die Einheit von Organismus und Umwelt noch so innig, daß eine Trennung vernichtend wirkt. Aber auch der Mensch, der sich als Subjekt von der objektiv empfundenen Welt heraushebt, besitzt alle Grundstrukturen dieser Verbundenheit von Lebewesen und Lebenswelt, und sein Bestand als Geschöpf hängt davon ab, daß er diese Verbundenheit respektiert.

Die Entstehung des Lebens ging vermutlich in zwei fundamentalen Schritten vor sich. Das Auftreten von »musterbildenden Strukturen«, also die Möglichkeit der Selbstorganisation organischer Substanzen, mußte sich erst mit der Fähigkeit verbinden, sich durch die Ausbildung einer Schutzhülle auch für eine Zeitdauer zu erhalten. Die Entstehung des Lebens läßt sich (nach Roth 1987) »*als Übergang von Zuständen der Selbstherstellung zu den Zuständen der Selbsterhaltung verstehen. Die Autonomie des Organismus gegenüber seiner Umwelt hat sich also erst in der Evolution herausgebildet und bleibt stets eine relative*«.

Daß sich alles Leben aus dem Wasser entfaltete, wirkt in den Organismen bis heute nach – für alle ist der Durst schlimmer als Heimweh. Bei jeder Blume, die wir gießen, bei jedem Schluck Wasser oder Wein, den wir trinken, dürfen wir daran denken, daß wir alle aus dem Meer stammen. Und die Prise Salz, die wir aufs Essen streuen, die enorme Bedeutung des Salzhandels in der Kulturgeschichte der Menschheit, mag uns daran erinnern.

Daß wir uns allabendlich zum Schlafe hinlegen müssen, ist die vom Anbeginn uns auferlegte Antwort auf die Tatsache, daß sich der Planet, auf dem wir leben, in der Folge von 24 Stunden um sich selbst dreht. So polarisiert sich das Dasein der Geschöpfe in den Tag-und-Nacht-Rhythmus: Er teilt ihre Existenz in Phasen, in denen sie ihre Kräfte aufs äußerste anspannen müssen, und solche, da sie in einen Zustand des Beinahe-Nichtseins untertauchen. Je höher das Lebewesen entwickelt ist, um so weiter klaffen die Zustände dieser Phasen auseinander: Mit dem höchsten Bewußtsein begabt, bedarf der Mensch auch des tiefsten Schlafs.

❧ ☙

Im Luftreich verwurzelt

Wie die Pflanze, um leben zu können, mit allen Fasern ihrer Wurzeln in der Erde verankert ist, so sind wir mit dem Netzwerk unserer Lungenbläschen im Luftreich verwurzelt, und schon wenige Minuten der Unterbrechung machen uns ein Ende.

❧ ☙

Das Wesen, das Fragen stellt

Bei den unentwegten Fragen, die ein Kind, sobald es der Sprache mächtig ist, an die Erwachsenen stellt, ist es erstaunlich, daß ein Anthropologe wie Michael Landmann dieses menschliche Grundbedürfnis nicht als genuin menschliches Merkmal registriert. Der Biologe O. Köhler bemerkt: »*Fragen hat, soweit wir wissen, noch kein Tier gestellt.*« So wäre der Mensch also auch zu charakterisieren als das Wesen, das Fragen stellt.

❧ ☙

Tier im Angesicht der Zukunft

Der durch seine »Theorie der persönlichen Konstrukte« hervorgetretene Psychologe G. A. Kelly hat den zahlreichen Definitionen von »Mensch« eine bemerkenswerte hinzugefügt. »*Der Mensch*«, so behauptet er, sei »*ein grundsätzlich auf die Zukunft ausgerichtetes Wesen*«. Man könnte diese anthropologische Erkenntnis mit der Formel vom »Tier im Angesicht der Zukunft« fassen. Was aber bleibt an Besonderheit für dieses Tier, sobald die Zukunft in der Erfahrung des Todes zusammenstürzt?

❧ ☙

Menschenantlitz

»Know then thyself, presume not God to scan. / The proper study of mankind is man.« So beginnt Alexander Pope die zweite Epistel seines »Essay on man« (1732–1734): »Erkenn' dich selbst, maß' dir nicht an, Gott zu ergründen. Der Menschheit wahres Rätsel ist der Mensch.« Es bleibt das Menschenantlitz für den Schauenden die größte Offenbarung, es bleibt das Porträt für den Maler die interessanteste Landschaft.

Erkennen des Gesichts

Die Leistung anschaulichen Erkennens wird uns bei der mühelosen Identifikation eines Gesichts deutlich. Wir erkennen es aus zehntausenden, ohne es hinreichend beschreiben zu können. Welch spezielle Gehirnfunktionen dazu erforderlich sind, geht aus der Tatsache hervor, daß wir nicht in der Lage sind, die Leistung des zuständigen Scheitellappens zu kompensieren, wenn dieser verletzt wurde. Der Betroffene ist unfähig, sein eigenes Gesicht im Spiegel oder auf einem Foto zu erkennen.

Die Wirklichkeit der Dämonen

Unser Unverständnis gegenüber geschichtlichen Vorgängen beruht auf dem tiefreichenden Wandel der »Denkungsart« schon innerhalb von Jahrzehnten, mehr noch in Jahrhunderten. Nur die eingehende Beschäftigung mit den Zeugnissen der Vergangenheit und eine Anstrengung der Phantasie vermögen den Abgrund der Zeit – wenn auch nur schwankend – zu überbrücken.

Einer Buchbesprechung von Kurt Flasch verdanken wir den Hinweis auf Klaus Bergers »Historische Psychologie des Neuen Testaments«, in dem die seelische Verfassung der frühesten Christen rekonstruiert wird. Man sollte sich Einzelheiten dieser erstaunlichen Freilegung längst verschütteter Mentalität gelegentlich ins Bewußtsein heben, um dem Geist einer Epoche in seinen literarischen, künstlerischen oder politischen Zeugnissen vorurteilsloser zu begegnen.

Berger begründet, warum die frühen Christen in einer anderen Welt lebten: »Sie bewerteten nicht nur ihre Erfahrungen anders, sie machten auch andere Erfahrungen ... Wenn sie sangen, so hatte ihr Gesang eine andere Bedeutung als bei uns, denn ihre Lieder dienten der Abwehr der Dämonen, von denen sie die Luft bevölkert dachten; der Gesang war ihr Versuch, teilzunehmen *am Lobgesang der himmlischen Chöre, die vor dem Throne Gottes stehen*«.

Das mythische Bewußtsein lebt – in kaum gebrochener Weise – in den religiösen Menschen unserer Zeit fort. *»Der Mensch ist Schauplatz göttlicher oder teuflischer Be-*

satzungsmächte. Seine Erlösung besteht nicht darin, daß er eine innere Umwandlung zum Guten durchmacht, sondern daß er befreit wird von einer Besatzung ...« Und: *»Die Dämonen sind nicht als moralisch böse vorgestellt; aber sie sind keine ›Symbole‹, sondern agieren als Individuen mit einem Namen; sie sind Handelnde und Sprechende, mächtig, Unordnung zu schaffen.«*

❧ ☙

Der Mensch in seinem Widerspruch

»Zwei Seelen wohnen, ach, in meiner Brust ...« Goethe hat sich nur im Ort getäuscht. Die beiden Seelen wohnen in unserem Kopf. Daß die beiden Hemisphären unseres Gehirns durchaus unterschiedliche Absichten tragen können, wurde amerikanischen Neurologen bei einem Experiment bestätigt, das an einer der seltenen rechtsseitig sprachbefähigten Personen vorgenommen wurde. (Sonst hätte nur die linke Hälfte die Frage verstanden.) Nach dem Berufswunsch befragt, hatte jede Seite eine andere Antwort bereit. Die eine wollte Rennfahrer, die andere Designer werden. Leider wurde nicht berichtet, wie der Streit ausgegangen ist. Wenn die Neurologen dem »Menschen in seinem Widerspruch« schon nicht helfen können, dann dürfen sie ihm die Herkunft dieses Widerspruchs wenigstens erklären: warum er eben »kein ausgeklügelt Buch« ist.

In der Millstätter Kerkerzelle

Im alten Millstätter Klostergebäude wird die frühere Kerkerzelle gezeigt. In ihr Spuren von Inschriften der Gefangenen. Darunter ein Vierzeiler, vermutlich aus der ersten Hälfte des 15. Jahrhunderts:

Sag nicht alles das du waißt,
Glaub nicht alles das du hörst,
Richt nicht alles das du siehst,
Thue nicht alles das du magst.

Auf Gipfeln oder in Winkeln

Wahrscheinlich hat erst der Geniebegriff der Romantik das Ende der Bescheidenheit herbeigeführt, von der die Künstlerpersönlichkeiten von der Renaissance bis zur Klassik geprägt waren. Goethe, der sich einer bevorzugten Stellung durchaus sicher sein konnte, bemerkte noch im Jahre 1818 anläßlich der Auslegung eines Gemäldes großmütig: »*Der Parnaß ist ein Mont Serrat, der viele Ansiedlungen in mancherlei Etagen erlaubt; ein jeder gehe hin, versuche sich und er wird eine Stätte finden, es sei auf Gipfeln oder in Winkeln.*«

18

Leben mit Schmerzen

Eines der größten Geschenke der Wissenschaft an den dafür nur mäßig dankbaren Menschen ist die fast völlige Befreiung von körperlichen Schmerzen. Heute können wir uns kaum noch eine Vorstellung machen von der allgegenwärtigen Bedrohung, der das menschliche Dasein bis ins vergangene Jahrhundert ausgeliefert war: Alle Verletzungen und die meisten Krankheiten waren mit Schmerzen verbunden, die sich bis ins Unerträgliche steigern konnten. Da keine irdische Abhilfe zu erwarten war, blieb – wollte man nicht in Verzweiflung fallen – nur die Hoffnung auf Gottes oder der Heiligen Hilfe.

Nicht nur das zeitweise Ausgeliefertsein an den physischen Schmerz, mehr noch die stete Bedrohung, für die man ringsum die drastischsten Beispiele zu sehen und zu hören bekam, prägten das Leben. Auch geringfügige Verwundungen oder zunächst harmlos scheinende Krankheiten führten, da sie nicht geheilt werden konnten, schließlich zu Dauerschmerzen, oft zu unvorstellbaren Qualen. Von Zar Peter dem Großen, der an einer nicht verheilten Urämie zugrunde ging, heißt es in einem zeitgenössischen Bericht: »*Den Kayser überfiel ein dermaßen schweres Harnen / daß er beim Wasserlassen / welches sehr oft tropfenweise hervor kam die bittersten Schmertzen empfand / und sich / der sonst ein Held von eiserner Geduld war / des größten Geschreyes nicht enthalten kunt.*«

19

Schmerzlos – gedankenlos

Es gibt so etwas wie eine konstitutionelle Undankbarkeit des Menschen. Paul Watzlawik, der aus Villach stammende und in den USA lehrende Psychotherapeut, wollte wohl daran erinnern, als er im österreichischen Rundfunk vom Beispiel eines jungen Mädchens erzählte, das – während es quälende Kopfschmerzen hatte – unentwegt daran denken mußte, wie es eine Abhilfe finden könnte, jedoch nach der Verabreichung einer Aspirin-Tablette mit keinem Gedanken mehr an das Aspirin dachte. Der Zustand der Schmerzlosigkeit wird als die Normalität beansprucht.

✣ ✣

Postoperative Gastritis

Zweimal war die Operation verschoben worden, weil einer der Blutgerinnungsfaktoren nicht in Ordnung war. Dann endlich am fünften Tag die erleichternde Entscheidung: heute wird operiert. Fast fröhlich liege ich auf dem vom Krankenpfleger lautlos durch die Flure gesteuerten Bett, werde über eine Rampe in den Operationsbereich geschoben und – es war gerade neun Uhr – vom Anästhesisten, den ich vom Patientengespräch schon kannte, freundlich in Empfang genommen. Vielleicht angespannte Neugier, aber keine Aufregung, keine Angst. Noch während er mir etwas

20

von der Spritze erzählt, die er kaum spürbar in den linken
Unterarm sticht, verliere ich mein Bewußtsein und erwache
erst wieder – Stunden nach der Operation – im sogenannten Wachraum neben anderen Patienten. Schon nach kurzer Zeit stellen sich in der oberen Magengegend – weit weg
von der Operationsstelle – zunehmend Schmerzen ein, ich
vermute Blähungen, die immer unerträglicher werden. An
Schlaf ist nicht zu denken. Als ich mich – in der Hoffnung,
daß es bald Morgen wird – bei der Nachtschwester nach der
Zeit erkundige, erfahre ich: Es ist erst halb zwölf. Dann folgt
die längste und schmerzhafteste Nacht meines Lebens. Alle
Versuche, mit Medikamenten oder der altmodischen
Wärmflasche eine Beruhigung zu erreichen, schlagen fehl.
Kurz vor der Arztvisite bringt ein Magenmittel ein wenig
Linderung. Der Chefarzt, dem ich mein Leid klage, tastet
die Schmerzstellen ab. Nichts Besonderes, meint er, »post-
operative Gastritis«, verursacht durch den Operationsstreß.
Nichts Besonderes? frage ich mich. Hätte nicht er, der Ope-
rierende, Magenschmerzen bekommen müssen, hatte nicht
er den Streß, während ich ohne jedes Bewußtsein dalag?
Welch aufregende Erfahrung, daß die Einheit aus Körper
und Seele, die ich auch bei Ausschaltung alles bewußten Erlebens war, den operativen Eingriff als bedrohliche Attacke
gegen die Existenz erlebte und mit einer Panik darauf reagierte, die im empfindlichen Organ des Magens als
schmerzhafte Entzündung ihren Ausdruck fand.

Wissen und Handeln

Das Wissen kann sich allemal mit einigen Argumenten, mit intellektuellen Schlüssen, mit logischen Konsequenzen weiterhelfen; bei ihm geht es jeweils nur um wenige abstrakte Relationen der Wirklichkeit. Beim Handeln, das in die unübersehbare Fülle der realen Zusammenhänge eingreift, reichen intellektuelle Fähigkeiten nicht aus. Kein Handelnder kann sich alle Wirkungen seines Tuns im voraus vorstellen oder gar errechnen: er ist auf feste Grundsätze angewiesen, auf moralische Kategorien. Nur sie ermöglichen ihm – in der stets nie ganz zu klärenden Lage – den Entschluß. Und nur sie bewahren ihn vor Verzweiflung, wenn seine Tat nicht die beabsichtigte Wirkung erzielt hat, was öfters der Fall ist als das Eintreten der erwünschten Folgen. Der Handelnde hat dann, wenn schon nicht das Richtige, so doch das Rechte getan.

❧ ❧

Schmerzhaftes Gebären

Wir wissen von keinem Lebewesen, dessen Geburt – wie die des Menschen – von Schmerzen begleitet wird. Die Bibel betont diesen Ausnahmefall, indem sie Gott bei der Vertreibung des ersten Menschenpaares zu Eva sagen läßt: »*Du sollst mit Schmerzen Kinder gebären*« (Genesis 3,16). Aber der Mythos des Alten Testaments gibt auch die realistische Erklärung, indem er das schmerzhafte

Gebären als eine Folge des Naschens vom Baume der Erkenntis schildert. Werden doch die Geburtsschmerzen durch die eingetretene Schädelvergrößerung im Zuge der evolutionären Gehirnentwicklung hervorgerufen. Noch der Homo habilis hatte einen nur halb so großen Kopf wie der heutige Mensch. Wenn die Schmerzen bei der Geburt das Bußgeld sind, das vom Weibe bezahlt wird, müssen wir uns fragen, warum es das Weib war, das den Menschen – wie die Bibel berichtet – zur Erkenntis verleitet hat.

❧ ☙

Umfassendes Angebot

Ein Pariser Schönheitssalon pries seine Dienstleistung im Schaufenster mit einem Schriftplakat an, das seinen potentiellen Kunden empfahl: »*Sie brauchen nur ihr Geburtsdatum zu ändern, alles andere machen wir.*«

❧ ☙

Bewußtheitsgrade

Bewußtsein ist kein Zustand, sondern ein unentwegt sich erneut abspielender Vorgang, der zu mehr oder weniger Bewußtheit führt. Es bestätigt die bewußtseinsbildende Kraft der Sprache, wenn der einzelne auf Reisen meist einen geringeren Grad von Bewußtheit erreicht als in Begleitung, sofern sie das Gespräch befördert.

Länger leben

Du willst länger leben? Du mußt früher aufstehn.

❧ ❧

Die Verzweiflung des Gu Chen

Die Ausbildung des Ichbewußtseins und die Konfrontation des Subjekts mit der objektiven Welt fordern vom Menschen eine – in unserer heutigen westlichen Welt kaum noch begreifliche – geistige Anstrengung: Sie manifestiert sich in der Notwendigkeit einer unentwegt logisch-determinierten Begriffsbildung – einer ständigen Zerstückelung der wirklichen Einheit der Welt. Poetische Naturen leiden unter diesem »Fortschritt« noch Jahrtausende nachdem er errungen wurde, chinesische Poeten leiden unter dem Anprall der modernen, für sie marxistisch-westlichen Ideologie doppelt, weil ihre Muttersprache und also ihr Denken diesen »Fortschritt« bis heute kaum vollzogen haben. Im Oktober 1993 hat der chinesische Dichter Gu Chen seine Frau ermordet und sich anschließend erhängt. Ursache war die Einsicht, daß es dem Menschen unserer Zeit unmöglich sei, in die Einheit mit der Natur auf andere Weise als im metaphorischen Medium der Kunst zurückzukehren. Gu Chen ahnte die Gefahr, die ihm mit der Aneignung einer westlichen Sprache gedroht hätte; so weigerte er sich, obwohl viel im Ausland, die englische Sprache zu erlernen. In Er-

innerung an die vielen philosophischen Einsiedler der
fernöstlichen Geistesgeschichte zog er sich zeitweise auf
einen einsamen Berg zurück und versuchte, vom Sammeln von Kräutern und Früchten, von Getreideanbau
und Hühnerzucht zu leben und so den ihm unheilvoll
dünkenden Gang der menschlichen Kultur – wenigstens
für seine Person – zu revidieren. *»Als ich stundenlang im
Gebirge Steine meißelte, lösten sich alle Begriffe, alle Gedanken auf, auch der Gedanke des Ichs«*, so berichtete er.
*»Vier Jahre habe ich so verbracht. Es schien als hätte ich
mich von China entfernt. Doch ich fühlte mich durchdrun-
gen von fernöstlichem Schönem, das sich in meditativer
Ruhe ebenso wie in der Freiheit des Unbestimmbaren, Un-
bezähmbaren, in der Gesetz- und Morallosigkeit der Natur
befinden kann.«* Diese wie andere Fluchtversuche aus unserer Zeit bewahrten ihn nicht davor, immer wieder in die
»Begriffswelt lebender Menschen« – wie es seine Frau Xie
Ye nannte, in die Gegenwart also einer weltweit vordrin-
genden *»logisch-determinierenden westlichen Kultur«* (Gu
Chen) – zurückkehren zu müssen. Da fand er schließlich –
wie die Schriftstellerin Shi Ming berichtete – *»in seiner
nächsten Umgebung eine Wüste vor: Seine Beziehung zum
Sohn Muer war gestört, seine Frau Xie Ye, die bis zur Erschöpfung versucht hatte, ihm wieder zu einer Lebensper-
spektive zu verhelfen, war psychisch zermürbt. Er selbst sah
sich nach wie vor unfähig, sich mit Begriffen zu arrangie-
ren«.* Aber die Begriffe konnte er nur löschen mit dem
eigenen Ich. Ihm blieb nur der Ausweg in die Verzweif-
lungstat.

Der Indiktionszyklus

Auf der Suche nach einer natürlichen Maßeinheit für die Zeit im Zusammenhang mit schöpferischen Entwicklungen geht George Kubler von einem Künstlerleben mit der Dauer von rund 60 Jahren aus. Durch die Teilung in vier markante Lebensabschnitte (Vorbereitungszeit, frühe und mittlere Zeit der Reife und Spätzeit) gelangt er zu Abschnitten von 15 Jahren, was genau dem aus der Steuergesetzgebung hervorgegangenen »Indiktionszyklus« des römischen Kalenders entspricht – wie übrigens ebenso den kritischen Perioden der modernen Entwicklungspsychologie. »*Mehr als zehn und weniger als zwanzig Jahre*«, so faßt er zusammen, »*entsprechen am genauesten sowohl den Lebensabschnitten einer Biographie als auch den kritischen Stadien in der Geschichte der Dinge und Formen.*« Obgleich er gelegentlich auf die Dauer der biologischen Generation zu sprechen kommt, die in demographischen Studien mit 25, in der allgemeinen Geschichtsschreibung mit 33 Jahren bemessen wird, fragt er erstaunlicherweise nicht nach der Dauer der »kulturellen Generation« – die nach allen Erfahrungen mit 15 Jahren eine glänzende Bestätigung seiner Maßeinheit abgeben könnte.

Die Wahrheit des Träumers

Schon 1858 hatte Kekulé seine epochemachende Abhandlung über die »Vierwertigkeit« des Kohlenstoffatoms veröffentlicht und damit die Erklärung von Molekülen ermöglicht, in denen sich Kohlenstoffatome zu ganzen Ketten verbinden. Allerdings blieb die Struktur eines der interessantesten Kohlenwasserstoffe, des Benzols, weiterhin ungeklärt. Die scharfsinnigsten Köpfe der Wissenschaft fanden keine rationale Erklärung für die ermittelte Formel C_6H_6.

Bis Kekulé im Jahre 1865 von der Lösung sozusagen im Schlaf überrascht wurde. »Ich fiel«, so berichtet er selber, »in einen Halbschlaf. Die Atome huschten vor meinen Augen hin und her … sich drehend und ringelnd wie Schlangen. Plötzlich sah ich, wie sich eine dieser Schlangen in den Schwanz biß, wobei sich dieses Bild wie zum Hohn vor meinen Augen drehte. Wie vom Blitz getroffen wachte ich auf. Die ganze Nacht über arbeitete ich die Konsequenzen dieser Hypothese aus.« Was den analytischen Anstrengungen der linken Gehirnhälfte nicht gelungen war, das lösten die Neuronen der rechten Hemisphäre mit reiner Anschauung. Der Zugang zur Wirklichkeit blieb dem Denken versperrt, und erst die monatelange Anspannung provozierte das die Wahrheit enthüllende Bild. »Meine Herren«, so schloß der Gelehrte seinen Bericht an die Kollegen, »lernen wir zu träumen, vielleicht finden wir dann die Wahrheit.«

Rückkehr in den Ursprung

Auch nach Jahrmillionen der Entwicklung des Lebens auf dieser Erde tauchen selbst die kompliziertesten Geschöpfe immer wieder tief in den Ursprung des Organischen hinab. Es ist ein fast schwindelerregender Gedanke, daß mit der sexuellen Vereinigung auch das menschliche Wesen für Sekunden in den Durchgang der Einzelligkeit zurückkehrt, daß also der anfängliche Akt der Teilung einer einzigen Zelle durch die ganze Schöpfung bewahrt blieb.

Vorbildlicher Geschlechtsverkehr

Nicht nur die schlechten, sondern gerade die guten Vorbilder verderben die besten Sitten. So sollte es mich nicht wundern, wenn einer, der mit der Wirklichkeit weniger handelnd als vorstellend umgegangen ist, eingeständе, er hätte es öfter mit imaginierten als mit fleischlichen Weibern getrieben.

Genauigkeit

Mit Fleiß ist es nicht getan, mit »Genialität« noch weniger. Genie ist Genauigkeit.

Der geschlechtslose Genius

»Der Genius hat kein Geschlecht.« Dieser Ausspruch der Kaiserin Eugenie, Gönnerin übrigens der französischen Malerin Rosa Bonheur, mag zu einer Zeit erdrückender Vorherrschaft der Männer auf dem Gebiet der Kunst in dem emanzipatorischen Sinne gemeint gewesen sein, daß eben auch Frauen Genie haben können. Vielleicht ist es in der Ära des Postfeminismus erlaubt, diesen Worten einen konkreteren Sinn zu unterstellen: daß nämlich weder das eigentümlich Weibliche noch das spezifisch Männliche eine hinlängliche Voraussetzung für das Geniale abgeben, sondern dieses nur aus einer das ungeteilte Menschentum verkörpernden Veranlagung hervorgehen kann, einer mentalen Verbindung, die dem schöpferischen Mann weibliche, der schöpferischen Frau männliche Züge abverlangt und die so dem Genius in der Tat sein Geschlecht nimmt.

Tücken des Alphabets

Inhaber von Namen, die mit A oder Z beginnen, haben Grund, allergisch zu sein gegenüber den Tücken, die der Menschheit aus dem Alphabet in verschiedenen Lebenslagen drohen. Schon die Erinnerung an die Schulzeit mag ausreichen, wenn der ordnungsgemäße Gang der Weltereignisse durch die Willkür des Prüfenden auf den Kopf gestellt und als erster Prüfling der Träger des Namens mit dem letzten aller Buchstaben aufgerufen wurde. Auch das pseudomoralische Bewußtsein, in so etwas wie seinem Naturrecht verletzt zu sein, konnte diesen Überraschten über die katastrophalen Folgen nicht hinwegtrösten. Solch einer ist, wie gesagt, allergisch gegen die Tücken des Alphabets und liest deshalb mit Anteilnahme die Erinnerung, die Alfred Dove, Altmeister des deutschen Journalismus, vor fast einem Jahrhundert aufgezeichnet hat: »*Die Erfindung des Alphabets*«, so meinte er, »*macht den Scharfsinn der Semiten ebensoviel Ehre wie sie andererseits auf einen erschreckenden Mangel an Billigkeitsgefühl bei ihnen schließen läßt. Die unerbittliche Ordnung von A bis Z erscheint vom sozialen Standpunkt aus als eines der schwersten Übel. In Berlin gelangte vor Jahrzehnten ein Dr. Abarbanell zu einer beneidenswert ausgedehnten Praxis, weil er das Adreßbuch regelmäßig eröffnete; ein hochbegabter Rechtsanwalt dagegen, namens Zyxis, brachte sich aus Mangel an Beschäftigung gewaltsam ums Leben.*«

Freiheit und Verantwortung

Freiheit kann nicht lange ohne Verantwortung existieren. Die beiden Begriffe bilden eine polare Einheit. Es gibt keine Verantwortung ohne Freiheit, aber die Freiheit ist keine ausreichende Bedingung der Verantwortung, ohne die keine menschliche Gemeinschaft bestehen kann. Verantwortung setzt die Anerkennung einer Instanz voraus, deren Fragen man zu beantworten hat.

Kärntner Sprüche

Nicht nur in Gastwirtschaften stößt man im Kärntner Land immer wieder auf freigiebig vorgetragene Spruchweisheiten. Drei habe ich heuer notiert:

»Der Gsunde hoat 99 Wünsch und der Kranke nur oan.«

»Dös gibt si' beim Bügeln, moante der Scheider, als er merkte, doß er 's Hosentürl hinten angenäht hotte.«

Und an der Wand beim Bärenwirt in Hermagor die Mahnung: »*Genieße Dein Leben beständig, Du bist länger tot als lebendig.«*

Weil niemand ewig lebt auf Erden

Neben der kleinen Kirche in Umberg in Kärnten hängt am Friedhofstor eine Tafel mit der Inschrift:

> *»Wir liegen hier und tun verwesen,*
> *Was du jetzt bist sind wir gewesen,*
> *Was wir jetzt sind wirst du bald werden,*
> *Weil niemand ewig lebt auf Erden,*
> *Drum weil du lebst und wirst bald tot,*
> *So bitt' für uns um Gnad zu Gott.«*

Daß wir nicht vernichtet sind

Alle Kreatur lebt aus der Gnade. Daran müssen wir immer wieder erinnert werden. Auf dem Denkmal des heiligen Martin unter der Basilika von Weingarten steht das Bibelwort: *»Barmherzigkeit des Herrn ist es, daß wir nicht vernichtet sind.«* Aus dieser Einsicht erwachsen Verantwortung und Dankesschuld des Menschen.

Ama et fac quod vis

Die Maxime des Augustinus »*Ama et fac quod vis*« wird nur unzulänglich übertragen durch das Gebot »Liebe und tu, was du willst«. Gemeint ist: »Alles kannst du tun, wenn du es aus Liebe tust.«

❦ ❦

Full service

Eben sah ich in einem sonst leeren Schaufenster zwei Plakate, schwarz auf weiß: »Fahrschule« – und darunter: »Beerdigungen«. Das nenne ich Full service.

❦ ❦

Die Frage des Hundes

Joseph August Schultes, ein österreichischer Gelehrter des frühen 19. Jahrhunderts, muß die Menschen in Verdacht gehabt haben, an der Leine von Ideologien, Interessen oder Vorurteilen zu hängen, denn auf das Halsband seines Hundes ließ er die Frage eingravieren: »*Ich bin der Hund des J. A. Schultes. Und wessen Hund bist du?*«

Wo wohnt die Seele?

Die Seelenvermögen des Aristoteles

Es ist erstaunlich, wie vollständig Aristoteles (»Über die
Seele«, II. Buch, 2. Kapitel 413 b) mit seinen vier Vermögen der Seele die Funktionen des menschlichen Gehirns
erfaßt hat: *Erinnerung, Wahrnehmung, Denkkraft* und
Bewegung. In unsere heutigen Kenntnisse übersetzt,
meint er damit erstens die sensomotorische Leistung,
zweitens die Sinneswahrnehmungen, drittens Gedächtnis
und Erinnerung, also die Speicherung und Abrufung ge-
wonnener Eindrücke, und viertens die Verarbeitung der
Informationen in Form des rationalen Denkens.

Tiefe, Schlange, Dunkelheit

In der Seele auch des aufgeklärten Menschen der Neuzeit leben Urängste, die wir uns rational nicht erklären können. Warum ergreift uns der Schwindel, wenn wir – auch auf sicherem Pfade – in die Tiefe blicken? Vielleicht erzeugt unser Gehirn noch Gefühlsrelikte unserer evolutionären Ahnen. Zoologen haben herausgefunden, daß Paviane und andere Primatenjungen mit drei angeborenen Ängsten zur Welt kommen: vor dem Fallen in die Tiefe (Abstürzen vom Baum), vor Schlangen (den alten Feinden, den Reptilien, Sauriern) und vor der Dunkelheit, in der die Räuber hausen. Auch vor Schlange und Finsternis besteht eine tiefsitzende Abneigung im Menschen.

❧ ☙

Der Tee ist kalt

Als der russische Dichter Anton Pawlowitsch Tschechow am 15. Juli 1904 in Badenweiler starb, erwies er seinem Gastland noch eine letzte Reverenz, als er auf deutsch feststellte: »*Ich sterbe.*«

Eine poetische Metapher wählte die große russische Lyrikerin Anna Achmatowa für ihren letzten Satz: »*Der Tee ist kalt*«, sagte sie und verstummte.

Urständ der Dämonen

Daß unsere Welt und das Leben durch unsichtbare, kaum vorstellbare und wissenschaftlich nur halbwegs identifizierbare Mächte bedroht ist, stellt im Bewußtsein der meisten Menschen nichts anderes dar als die unfröhliche Urständ der verborgenen Götter und Dämonen, die in alten Zeiten Furcht und Schrecken verbreiteten. Die selbstverschuldeten Gefahren erzeugen – anders als die sich in Blitz und Donner, Sturm und Überschwemmung offenbarenden Mächte – ein diffuseres Risikobewußtsein, das sich in Angst auswächst.

Lernen vom Köter

Wen wundert es, daß ein selbständiger Kopf, dem immer wieder die Vorbildlichkeit eines Lehrers vorgehalten wird, seinem Unwillen mit einer Bemerkung Luft macht, mit der der amerikanische Philosoph Paul Feyerabend seines berühmteren Kollegen Karl Popper gedenkt: »*Ich leugne nicht, daß ich von Popper gelernt habe*«, gesteht er und fügt hinzu: »*Ich habe von jedem Lebewesen gelernt, das mir begegnet ist, meinen Köter ›Spund‹ eingeschlossen.*«

Der Krankheitserreger Heimweh

Der streitbare Arzt Theophrastus Bombastus von Hohenheim, der sich aus Sympathie für den römischen Mediziner Celsus in seinen späten Jahren den Beinamen Paracelsus zulegte, schätzte die antike Weisheit, daß der Arzt zwar behandeln, aber daß nur die Natur heilen kann: Die »Lebenskraft« sei es, die den Menschen gesund halte, und so müsse die ganze Kunst des Arztes darauf ausgerichtet sein, diese zu erhalten und zu steigern. Eine Auffassung, die der modernen Immunitätslehre entspricht. Noch heute läge der »Ganzheitsmediziner« Paracelsus mit der Schulmedizin in Streit, die sich im wesentlichen darauf eingerichtet hat, Krankheiten zu beseitigen, anstatt sie möglichst nicht entstehen zu lassen. Obgleich er mit der Einführung von mineralischen »Wirkstoffen« geradezu als Vater der Chemotherapie bezeichnet werden könnte, zählte der zeitlebens viel in der Welt herumgetriebene Theophrast zu den frühesten Psychosomatikern, denn er erkannte das »Heimatgefühl« als eine unerläßliche Voraussetzung der Gesundheit, hatte er doch den Krankheitserreger Heimweh oft am eigenen Leibe verspüren müssen.

Auch Eidechsen träumen

Es scheint, daß wir während unseres Schlafs bis in unsere Reptilienvergangenheit zurücktauchen. Der hochentwickelte Sitz unserer Intelligenz tritt außer Kraft, in Funktion bleibt der Hirnstamm, das ursprüngliche »Reptiliengehirn«. Dabei werden wir von einer seltsamen Muskelstarre – der sogenannten Atonie – übermannt, deren paralysierende Wirkung wir auch bei den schlummernden Reptilien beobachten können. Nun haben mexikanische Hirnforscher festgestellt, daß unsere schuppenhäutigen »Vorfahren« auch die ersten Träumer in der Genealogie der Lebewesen sind. In einer bestimmten Schlaftiefe lassen sie die Augen zufallen, produzieren langsamere Hirnwellen und zeigen zwischendurch die untrüglichen Anzeichen für die Traumphantasien im REM-Schlaf: Heftige elektrische Entladungen bei gleichzeitigem Rollen der Augäpfel unter den geschlossenen Lidern müssen als Beweis genommen werden, daß auch Schildkröten, Kaimane und Eidechsen träumen. Von unserem Hund wußten wir das ja längst.

Der moralische Neid

Es ist schon seltsam: Der Neid, eine der sieben Todsünden, argumentiert moralisch.

Träumen, um nicht zu sterben

Der Tiefschlaf scheint eine verhältnismäßig späte Erfindung der Evolution zu sein, denn seine nervöse Leitstelle ist im Großhirn angesiedelt. Anders der von einer Nervenschaltung im Hirnstamm ausgelöste Traumschlaf, der den Tieren schon von den Echsen an eigen, ja lebensnotwendig ist. Man weiß, daß Kinder schon im Mutterleib sich viele Wochen vor ihrer Geburt auf das Leben vorbereiten, indem sie träumen, wenn man auch nicht weiß, was sie träumen. Katzen, denen man das Tiefschlafzentrum herausoperierte, wachten zwischen den Traumschlafperioden auf und blieben munter, bis sie wieder in Traum fielen. Wenn man aber Katzen das Traumschlafzentrum entfernte, konnten sie nicht mehr träumen und gerieten in eine zunehmende Schlaflosigkeit, die zum Tode führte.

Schwieriges Verbessern

Verbesserungen gelingen so selten, weil sie als eindimensionale Veränderungen betrieben werden und nicht als ein Akt geduldigen Austarierens der sich konterkarierenden Folgen eines Wandels.

Vertraumschlafen

Es ist erstaunlich, wie wenig der normale Mensch von seinen Träumen wahrnimmt. Nur wenn wir nachts geweckt werden oder erwachen, erinnern wir uns des soeben zu Ende gegangenen Traums. Manchmal haben wir den Eindruck, wochenlang nicht geträumt zu haben. Und doch füllt das lebensnotwendige Träumen (REM-Phase mit blitzschnellen Augenbewegungen und einer erregten Hirntätigkeit) ziemlich regelmäßig etwa ein Viertel unserer Gesamtschlafzeit. Nach 50 bis 70 Minuten Tiefschlaf fallen wir in eine etwa 20 Minuten dauernde Traumphase. Dieser 80- bis 90-Minuten-Rhythmus wiederholt sich mehrfach; wir registrieren erstaunt, daß wir meist genau nach anderthalb, drei oder viereinhalb Stunden aufwachen. Und haben dann meist all die angeblich so aufschlußreichen und psychoanalytisch wertvollen Trauminhalte restlos verschlafen.

Nutzen der Wahrheit

Nutzen bringt die Wahrheit nur dem, der hoffen kann.

Traum des Embryos

Neugeborene, das wollen Neurologen ermittelt haben, verbringen mehr als die Hälfte der Zeit im REM-Zustand, also in einer Phase des Schlafs, die von Träumen begleitet ist; und der Fötus im Mutterleib träumt angeblich ständig. Wenn wir doch erfahren könnten, was ein Embryo, der noch keinerlei sinnliche Wahrnehmung der Welt erfuhr, träumen kann.

❧ ☙

Die Träume der Blinden

Die allgemeine Vorherrschaft des Gesichtssinns macht sich in unserem Vorurteil bemerkbar, unsere Träume vollzögen sich ausschließlich in Bildern. Unsere Erinnerungen an Träume vernachlässigen wohl die selteneren Eindrücke der anderen Sinne. Die nun erforschte Tatsache, daß auch blind Geborene träumen, und zwar bilderlos träumen – Eindrücke des Hörens, Tastens, Schmeckens, Riechens und der Bewegung –, sollte uns genauer darauf achten lassen, wie oft solche Elemente des Erlebens auch unseren Träumen beigemischt sind.

❧ ☙

Zu leise und zu laut

Ich träumte eben davon, Musik anzustellen. Ich mußte am Knopf drehen, bald war der Klang zu scharf, bald war er zu stumpf und hallend, bald war er zu leise, bald zu laut. Als er mir richtig schien, weder zu laut, noch zu leise, hielt ich inne.

Da sagte E.: »Es ist zu leise.« Ich wollte hingehen, den Knopf zu verstellen. Da sagte sie: »Es ist zu laut.«

»Das ist nicht möglich«, entgegnete ich ein wenig zu barsch, »es kann nicht zu leise und zu laut zugleich sein. Es ist entweder zu leise oder zu laut. Was ist es nun?«

»Deine ewige Rechthaberei«, stöhnte E., »ist unerträglich. Es ist zu leise und zu laut.«

Ich konnte nichts mehr sagen, ging hin und schaltete ab. In der dröhnenden Stille, die nun einsetzte, schämte ich mich plötzlich meiner unwiderlegbaren Logik. E., die schwerer hörte, hatte recht. Die leisen Passagen der Musik hatte sie nicht mehr hören können, die lauten hatten ihr scharf ins schadhafte Gehör geschnitten, die Musik war zugleich zu leise und zu laut.

Der »blinde Fleck« des Gewissens

Handeln verlangt ein Maß an Gewissenlosigkeit, zumindet an Abstumpfung des Gewissens, das um so größer sein muß, je mehr in das Leben eingegriffen wird. Entsprechend ist unser Gewissen so beschaffen, daß es, wenn ein Beruf zu unentwegten Verletzungen oder gar Tötungen nötigt, einen »blinden Fleck« entstehen läßt. Der Holzfäller kann sich nicht bei jedem Baum, an den er die Axt legt, in das Geheimnis des Wachstums dieses einmaligen Pflanzengeschöpfs versenken; der Schlachter wertet Schwein und Rind kaum noch als Lebewesen; der Feldherr verfolgt seine strategischen Pläne, ohne sich von der Vorstellung Hunderter oder Tausender von verwundeten oder sterbenden Soldaten irritieren zu lassen.

◄᠍᠍ ᠍᠍►

Gefühl ist Nachricht

Das Handeln vieler Menschen »nach dem Gefühl«, landläufig besonders den Frauen unterstellt, beweist nicht mangelnden Verstand, sondern kann den hohen Nachrichtenwert bestätigen, den wir Gefühlen zu entnehmen vermögen. So bezeichnen auch die Psychologen Oeser / Seitelberger die *»Emotion als ein nicht gegenständliches Erkenntnisprodukt von höchster Informationsdichte«*.

Prinzipien

Wenn die Schule ihren Anspruch erfüllen soll, Hilfe für die Bewältigung der Lebensfragen zu bieten, muß sie der Charakterbildung den entscheidenden Vorzug vor der Wissensvermittlung geben. Denn in nahezu keiner Frage von Lebenstragweite, ob sie nun Beruf, Heirat, unternehmerische oder politische Entscheidungen betrifft, kann uns auch das umfangreichste Wissen helfen, die Fülle der komplexen Situationen bis zu einem ausreichenden Grade zu analysieren, die dabei auftretenden Widersprüche zu beseitigen und die unterschiedlichen Argumente schlüssiger abzuwägen. Wir sind gezwungen nach »Prinzipien« zu handeln, nach grundsätzlichen Analogien also, von denen wir erwarten dürfen, daß sie uns in mehr als der Hälfte der Fälle zum kleineren Übel verhelfen.

Zynismus

Zynismus kann als der Versuch betrachtet werden, den unterlassenen Selbstmord an anderen auszuüben, die eigene Verzweiflung an der Welt in eine Welt der Verzweifelten umzumünzen.

Letzte Worte

Zu Heinrich Wölfflins Essay über »Letzte Worte« finden sich in Alfred Kubins gesammelter Prosa zwei merkwürdige Ergänzungen. »*Dauthendey endete sein Leben*«, so schreibt der Zeichner über seinen Freund, »*nach einer Operation an der Leber in einem Sanatorium in Melang auf der Insel Java. In seiner Agonie sprach er französisch. ›Seht die vielen schönen Frauen‹ waren seine letzten Worte.*«

Die Erinnerungen an den Schriftsteller Oscar A. H. Schmitz, seinen Schwager, beschließt er mit dessen abschließender Feststellung: »*Mir kann nichts Sinnloses mehr geschehen.*«

Am Schluß von Otto Flakes Autobiographie »Es wird Abend«, die mir kürzlich in die Hände fiel, hat eine Leserin, die den Romancier in seinen letzten Wochen betreute, als Nachsatz angefügt: »*+ 10. Nov. 1963 abends ¹/₂ 11 Uhr. Seine Worte am 20. Okt. 1963 nachmittags waren: ›Der Roman ist zu Ende.‹ Am 22. Okt. 1963: ›Das Leben ist ein Maskenball‹, er wiederholte es nochmals.*«

Ein letztes Staunen

Der Ägyptologe Wolfgang Helck, der seinen Studenten zeitlebens das Staunen vor den Leistungen einer frühen Hochkultur vermittelte, ist in Hamburg gestorben. Seine letzten Worte waren ein wunderbares Bekenntnis: *»Ich wundere mich.«*

Tügels Grabinschrift

Von den 3000 Zeichnungen, den Gemälden, Gedichten und Romanen des diabolisch-wehleidigen Genies Tetjus Tügel aus Worpswede werden womöglich nur wenige der Nachwelt bedeutsam erscheinen. Vielleicht hat er das in seinen späten Tagen, als er auf acht Ehen, zehn eheliche und weitaus mehr uneheliche Kinder zurückblickte, auch geahnt. Aber die Grabinschrift, die er für sich damals erfand, sollte man vor dem Vergessen bewahren: *»Ich habe eine große Zukunft hinter mir.«*

Die Hölle der Genauigkeit

Genauigkeit kann zur Pein werden. Es ist nicht verwunderlich, daß wir einem Japaner, denen die Wohltat des Weglassens und Übersehens vertraut ist, eine Beschreibung des Infernalischen verdanken, deren Trefflichkeit uns erst im zweiten Durchgang eingeht. Der Dichter Yukio Mishima sagt: »*Es ist die Eigenart der Hölle, daß alles bis ins Letzte deutlich ist.*«

❧ ☙

Fruchtwechselwirtschaft

Die belebende Wirkung der intensiven Beschäftigung mit einer berufsfremden Materie ist einmal von C. H. Andreae sehr anschaulich als »*Anwendung des Prinzips der Fruchtwechselwirtschaft auf das Gehirn*« bezeichnet worden.

❧ ☙

Erstaunliche Regeneration

Die körperlich-seelische Erneuerungsfähigkeit der Lebewesen bleibt ein Wunder. Nach Anstrengungen, die bis zur Erschöpfung aller Kräfte, zum Versiegen des Antriebs, zu Apathie und Teilnahmelosigkeit führten – schon nach kurzer Ruhepause, nach einer Nacht mit tiefem Schlaf ein völlig frisches »Weltgefühl«, eine ganz andere psychische Verfassung, Unternehmungsgeist, ein unbegreiflich hartnäckiger Optimismus. Jahre des Bemühens, der Enttäuschungen, kleiner Erfolge und Befriedigungen, nach immer neuen Abstumpfungen – diese geradezu unvernünftige Waghalsigkeit des täglichen Lebens, der unverdrossene, unbeschädigte Lebensmut, dem die banalsten Ziele so wert sind wie die kühnsten Hoffnungen.

Ist der Schöpfer eine Schöpfung des Menschens?

Denken und Anschauen

Dem extremsten Beispiel für das Ungenügen intellektueller Bemühung zur Erfassung der Wirklichkeit begegnen wir beim Versuch einer Definition Gottes. Die Theologie als Wissenschaft bleibt insofern der untaugliche Versuch am untauglichen Objekt: Gerade am »Allumfassenden« erfährt der Verstand seine Hilflosigkeit am schmerzlichsten. Ergreifend hat Thomas von Aquin am Ende seiner großartigen theologischen Anstrengungen der unauflösbaren Spannung zwischen Denken und Anschauen (hier der mystischen Vision des Göttlichen) Ausdruck gegeben. Obwohl seine »Summa theologica« noch unvollendet war, weigerte er sich, auch nur eine einzige Zeile hinzuzufügen: »*Alles, was ich geschrieben habe*«, bekannte er, »*kommt mir vor wie Stroh – verglichen mit dem, was ich geschaut habe.*«

Gott zieht sich zurück

Wir haben Gott als Vater verloren, als uns die Evolutionstheorie enthüllte, daß der Mensch den ganzen Stammbaum des Lebendigen durchlaufen hat. Gottes Schöpfungsakt war an den Beginn des Lebens zurückverlegt. Nun drängen ihn neuere Forschungen um Äonen zurück – bis zur Erschaffung des Universums. Der Kunstfertigkeit Gottes, wenn man den Ausdruck gebrauchen darf, wird damit freilich immer nur noch mehr zugemutet. Einen Lebenskeim zu schaffen, aus dem sich alle Geschöpfe entwickeln sollten, war unserer Vorstellungskraft vielleicht noch faßbar; nun aber sollen wir das schier Unvorstellbare – in die Idiomatik der Wissenschaft verklausuliert – glauben: daß Gott anorganische Materieteilchen schuf, in der alle Möglichkeiten des Lebens und des Geistes strukturell angelegt waren. In der molekulardarwinistischen Theorie wird diese Glaubensforderung mit den Worten gestellt, daß »*die biologische Information das Ergebnis eines spontanen Prozesses ist, in dessen Verlauf sich die unbelebte Materie selbsttätig zu belebten Sytemen organisiert, indem sie aus ihren Umweltbedingungen ›gelernt‹ und sich zu höherer Komplexität und Organisation entwickelt hat*«.

Glaubwürdigkeit der Offenbarungen

Für uns scheint die natürliche Offenbarung – obgleich stumm – vor der sprachlichen Offenbarung der Bibel den Vorteil zu haben, nicht über das Medium des irrtumsanfälligen Menschen vermittelt zu werden. Aber muß sie aus ihrer Stummheit nicht jeweils von uns irrenden Menschen erlöst werden, indem wir ihr unsere Sprache verleihen? Wir haben keinen direkten Zugang zur Wahrheit, weder zu der der Natur noch zu der Gottes. Das Geschäft der Philosophie ist so endlos wie das der Theologie.

Werden wir die Glaubwürdigkeit des Wortes Gottes wieder ebenso überzeugt anerkennen, wie es im Mittelalter der Aquinat mit der Natur getan hat? Thomas von Aquin sah keinen Grund, die Schöpfung weniger ernst zu nehmen als ihren Schöpfer: »*Offenbar falsch ist die Ansicht derer, die da sagen, es mache für die Wahrheit des Glaubens nichts aus, was einer von der Schöpfung denke, wenn er nur von Gott die rechte Meinung habe. Denn ein Irrtum über die Schöpfung wirkt sich aus in einer falschen Meinung von Gott – nam error circa creaturas redundat in falsam de Deo sententiam.*«

❧ ❧

Atheismus

Atheismus ist Mangel an Phantasie.

Bibel und Evolution

Die Welt als Schöpfung zu begreifen – und nicht als das, wie sie dem naiv Betrachtenden erscheint, als ein fertig Vorgefundenes, schlechthin Gegebenes – , diese fundamentale Erkenntnis der biblischen Genesis ist für die Deutung der Wirklichkeit um vieles bedeutsamer als der graduelle Unterschied zwischen der mythischen Vorstellung von den sieben Tagen und der naturwissenschaftlichen Einsicht in die in Millionen Jahren geschehene Evolution.

❧ ☙

Creatio continua

Der biblische Gedanke der einmaligen und endgültigen Erschaffung der Welt müßte für den Menschen wie ein Verdikt gegen seine eigene Schöpferkraft und sein Freiheitsbewußtsein wirken. Ist er je in seiner strengen Konsequenz geglaubt worden? Schon Augustinus sprach im Blick auf die sich ständig vollziehende Erneuerung des Lebens von der »creatio continua«.

❧ ☙

Darwin und der liebe Gott

Über Charles Darwin, der unsere Vorstellung von der Schöpfung wie kein anderer verwandelt hat, wußte seine fromme Frau Emma kurz nach seinem Tod einen denkwürdigen Ausspruch zu machen: *»Ich glaube«*, meinte sie, *»an Gott hat er wohl nicht geglaubt, aber Gott hat an ihn geglaubt.«*

Tod des Egoismus

Der Wert unserer Handlungen wird weder von unserer Absicht noch von ihrer vermuteten Reichweite bestimmt, sondern allein von ihrer moralischen Qualität. In einem Brief vom 13. Juni 1926 vertritt Teilhard de Chardin die Erkenntnis, *»daß nichts für sich allein ist, daß nichts gering oder profan ist, da das geringste Bewußtsein partiell die Schicksale des Universums in sich trägt, und sich nicht zu verbessern vermag, ohne alles um sich herum zu verbessern! Es bedeutet den Tod des Egoismus, wenn man begreift, daß man ein Element des Universums ist, das sich personalisiert …«*

55

Gott als Gegenspieler

Daß Kunst in ihrer autonomen Funktion als Gegenspieler der Wirklichkeit auftritt, bestätigt ihren immanent religiösen Charakter. Denn man darf Gott als den großen Gegenspieler seiner eigenen Schöpfung auffassen, und diese, um ein Wort von Ortega y Gasset zu gebrauchen, als »die einzige wirkliche Auflehnung«. Gott wäre dann die große Antithese zur bestehenden Welt und zum Menschen, wie er ist. »Gott ist die Kritik des Menschen«, lautet ein Satz des Theologen Jürgen Moltmann.

Zeugung, Geburt, Taufe

Der Mensch ist Mensch vom Augenblick der Zeugung an, mit der Geburt wird er Staatsbürger, mit der Taufe Christ.

Liturgie

Der durch nichts zu ersetzende, sinnstiftende Akt der Liturgie bildet den Kern des christkatholischen Gottesdienstes. Die Protestanten haben im Zuge der »Linksverlastung« unseres Weltverständnisses (Bevorzugung der linken Hirnhälfte) das Wort der Verkündigung in die Mitte des Gottesdienstes gestellt. Sie haben den Ritus und mit ihm unser mythisches Bewußtsein entmündigt.

Damit wurde ein Prozeß an sein Ende getrieben, der schon in der alten Kirche mit der Verteufelung der mythenbildenden Kräfte begonnen hatte. Von dem einen Extrem, dem alleinherrschenden Mythos und der Verehrung der Bilder als »Götzen« verfiel man schließlich in das andere Extrem: das Neue Testament beginnt mit dem radikalen Anspruch auf Herrschaft des Logos – »Im Anfang war das Wort«. Im Verlaufe dieser Entwicklung wurde schließlich die Kraft auch der Sakramente ausgezehrt.

Das Ziel der ökumenischen Bewegung muß über eine bloße Vereinigung der getrennten christlichen Kirchen hinausgehen – auf die Herstellung des Gleichgewichts der Kräfte des Logos und des Mythos in der Kirche. Nur so kann sie zu einer Vorbildinstanz für unsere ganze Kultur werden und in den Mittelpunkt einer menschlichen »Heilsgeschichte« rücken.

Kant und Lampe

Der Gottesbegriff ist unersetzlich, weil er die ganze Spannweite menschlichen Geistesvermögens zu umklammern vermag. Er verbindet den Kopf des Philosophen mit dem Herzen seines Dieners.

Nach Erarbeitung seiner kritischen Transzendentalphilosophie, die den Gottesgedanken als den Vorbegriff einer absoluten Daseinsbegründung akzeptiert, äußerte sich Kant – wenn wir Heinrich Heine glauben dürfen – angesichts seines betrübt dreinblickenden Dieners Lampe »halb gutmütig, halb ironisch«: »*Der alte Lampe muß einen Gott haben, sonst kann der arme Mann nicht glücklich sein.*« Aber letzten Endes war er darin seinem Herrn so unähnlich auch wieder nicht.

◆§ ঌ◆

Frage nach einer natürlichen Ethik

Wir kennen die Gesetze der Geschichte nicht. Wir dringen zu einer Erkenntnis der Gesetze der Evolution vor. Dürfen wir die Evolution als Heilsplan verstehen, und liefern uns ihre Gesetze Maßstäbe des Handelns? Läßt sich also eine natürliche Ethik formulieren?

Der Gotteskomplex

Den »Titanismus«, den Carl Friedrich von Weizsäcker als Charakteristikum der westlichen Neuzeit wahrnimmt, ihre »Willens- und Verstandeskultur«, ist Verhängnis der Menschheit im doppelten Sinne: selbstverschuldet und unausweichlich zugleich. Die Hybris des Menschen, sich als Herr des eigenen Schicksals aufzuspielen, vermag H. E. Richters tiefenpsychologischer Begriff des »Gotteskomplexes« aufschlußreicher zu erhellen.

❧ ❧

Ohne Gutes und Böses

Die Erkenntnis, um deretwillen das erste Menschenpaar einst das Paradies hingegeben hat, scheint dem heutigen Geschlecht nichts mehr wert zu sein. *»Aber vom Baum der Erkenntnis des Guten und Bösen sollst du nicht essen«*, gebot Gott der Herr dem Menschen. Doch Eva und Adam wollten die Freiheit, zwischen Gut und Böse zu unterscheiden. Zu Recht meint Konrad Lorenz, daß die Tilgung von »Gut« und »Böse« aus der Sprache und aus dem Bewußtsein des heutigen Menschen dazu geführt habe, daß ihm damit die wesentlichste Freiheit, die der Entscheidung, wieder abhanden gekommen sei.

Die Toten essen es

Heidegger hat irgendwo das Rätsel vom »Nichts« aus einer Mönchshandschrift zitiert: »*Es ist größer als Gott. / Die Toten essen es. / Wenn die Lebenden es essen, / müssen sie sterben.*«

❦ ❧

Die Unersetzlichkeit des Teufels

Daß sich die Bildkunst immer in der Nähe des Mythos halten müsse, diese Erkenntnis leuchtet in Franz Marcs Schriften mehrfach auf. Am anschaulichsten in jener Passage, in der er von der Gestalt des Teufels ausgeht. »*Wie klug waren unsere Vorfahren*«, bemerkt er, »*sich die Teufelsfigur auszudenken, um sich die Welt zu erklären. Wir haben Himmel und Hölle entvölkert, bilderstürmerisch – aber auf Erden, in unserem Blut, leben dieselben Kräfte fort, für die wir jene klassischen Symbole schufen! Die Kunst wird immer wieder in eine neue Welt von Symbolen münden; man wird mit dem Leben und dem Rätsel Mensch so leicht nicht fertig.*«

❦ ❧

Gott und der Teufel

Der Christenglaube, daß wir nur eine einzige Seele haben, ist weniger plausibel als die altägyptische Überzeugung, zwei Seelen, Ba und Ka, wohnten in der Menschenbrust. Vermutlich haben die Juden, als sie den Götterhimmel der Ägypter und Griechen durch den einen Gott ersetzten, schon bald gemerkt, daß ihnen damit ein janushäuptiges höchstes Wesen gegenüberstand: liebevoll und zürnend zugleich, barmherzig und grausam, aufmerksam und unzugänglich. Die Christen wollten ihren guten Gott retten, indem sie ihm den Teufel beigesellten – und projizierten so die beiden alten Seelen ins Jenseits.

❧ ❧

Die Hölle der Gerechtigkeit

Man warte hienieden nicht auf Gerechtigkeit. Einen Prälaten, der sich ungerecht behandelt fühlte und sich an höchster Stelle beschwerte, beschied der Gegenpapst Anaklet II. mit folgender Belehrung: »*Mein lieber Sohn, merke Dir: Auf Erden herrscht der Glaube, im Himmel die Liebe, und nur in der Hölle regiert die Gerechtigkeit.*«

❧ ❧

Unerbittliche Alternative

Die unerbittliche Alternative zwischen Himmel und Hölle, in die Augustinus den sterbenden Christen stellte, wurde erst seit dem zwölften Jahrhundert gemildert, als sich die Vorstellung von einem Fegefeuer durchzusetzen begann. Nun konnten auch die Sünder in ihrer letzten Stunde hoffen, mit »einem bißchen Hölle« davonzukommen, denn was zur Strafe einer ewigen Verdammnis hätte führen müssen, ein solches Kapitalverbrechen war innerhalb dieses kurzen und gewichtslosen Daseins gar nicht vorstellbar.

※ ※

Der fromme Atheist

Ich habe nie an Gott geglaubt, aber immer versucht, so zu handeln, als ob es ihn gäbe.

※ ※

Gott aus Vernunft

Es gibt keinen Beweis für die Existenz eines von der Welt getrennten und richtenden Gottes, aber ebensowenig einen Beweis, daß es ihn nicht gibt. Die Vernunft gebietet deshalb, so zu handeln, als ob es ihn gäbe.

Was vermögen wir zu erkennen?

Ursache und Wirkung

Das Gesetz von Ursache und Wirkung ereignet sich nur in unserem Kopf (und da nur in der linken Gehirnhälfte) als eine physikalische und logische Notwendigkeit. Im Grunde ist es metaphysisch, weil es alle unsere Vorstellungen übersteigt. Denn da jede Wirkung ihre Ursache rückwirkend verändert und keine Ursache nur eine einzige Wirkung auszuüben imstande ist in dieser Welt, wo sich die Sachen hart im Raume stoßen, kann man die Rückwirkungen aller Wirkungen nur ahnen (vielleicht andeutungsvoll analog in der rechten Hemisphäre). So muß man feststellen, daß Ursachen und Wirkungen nur die Enden unserer Interessen oder Kenntnisse bezeichnen und nichts zu tun haben mit realen Grenzen der Kausalität in der Wirklichkeit.

Nichts notwendigerweise

Die uralte Gewissensentscheidung zwischen Determination und Willensfreiheit löst der Biologe und Naturphilosoph Rupert Riedl mit dem denkwürdigen Satz *»In einem Kosmos, in dem das Notwendige notwendigerweise durch den Zufall entsteht, ist nichts notwendigerweise vorherbestimmt«.*

✥ ✥

Die Welt bleibt unbestimmt

Die Kluft zwischen den Natur- und den Kulturwissenschaften verringert sich. Und zwar nicht dadurch, daß die undurchdringliche Komplexität lebendiger Einheiten auf einfache Grundmuster des physikalischen Weltbilds reduziert werden könnte, wie man lange Zeit wohl gehofft hat, sondern durch einen umwälzenden Paradigmenwechsel in der Physik, die nun endgültig vom »mechanistischen Denken« Abschied nehmen und sich der »Inkommensurabilität« der Geisteswissenschaften annähern muß.

Das Entstehen einer *»Physik der Komplexität«* wertet der italienische Physiker Tito Arecchi als *»die dritte große Revolution«* in der Physik. Damit bricht aber im 19. Jahrhundert der Wissenschaften der Grundpfeiler jener

Ideologie zusammen, die man als »Szientismus« bezeichnet hat. Eindeutigkeit und Vorhersagbarkeit der meßbaren Welt – das war zum Markenzeichen der Erkenntnis schlechthin geworden.

Aufgrund der ersten Revolution, die an die Namen Galilei und Newton geknüpft ist, hatte sich der »deterministische Glaube« entfaltet, der sich am klarsten in dem Satz des Marquis de Laplace äußert: »*Ein intelligentes Wesen, das in einem bestimmten Augenblick Position und Geschwindigkeit aller Teilchen des Universums zu kennen imstande wäre, würde mit Sicherheit auch die ganze Zukunft des Universums kennen.*«

Schon am Anfang des 19. Jahrhunderts haben sich massive Zweifel an der Berechtigung dieser Annahme gemeldet. Mit Relativitätstheorie und Quantenmechanik vollzog sich jene zweite Revolution, in der sich die jetzige Umwälzung vorbereitete. Heisenbergs »Unschärferelation« lieferte im Bereich des Mikroskopischen den Beweis für die Unmöglichkeit einer gleichzeitigen genauen Messung von Lage und Geschwindigkeit eines Teilchens. Nun wird das Ende des deterministischen Glaubens auch im makroskopischen Bereich eingeläutet – mit einer Einsicht, die man als das »deterministische Chaos« bezeichnet. Die Unmöglichkeit langfristiger Vorhersagen gilt danach nicht nur für die komplizierten Systeme zum Beispiel des Lebendigen, des Sozialen, des Geistigen und so weiter, sondern bereits in der Physik, wenn sie sich mit mehr als zwei Elementen, wie zum Beispiel Newtons Erde-Sonne-Relation, befaßt. Berücksichtigt man innerhalb der Himmelsmechanik drei statt zwei Körper, genügt eine minimale Unbestimmtheit des Anfangszustands, um alle Vorhersagen künftiger Bahnen zu Spekulationen zu machen. Aber diese Unbestimmtheiten werden nicht durch mangelhafte Messung verursacht, sondern haften der Meßmethode an. Sie beruhen nämlich auf der Tatsache, daß wir es bei der Übersetzung von Objekten in Zahlen nur in seltenen Fällen mit Verhältnissen in ganzen Zahlen zu tun haben, meist mit irrationalen Zahlen wie Quadratwurzel aus zwei – mit einer unendlichen Stellenzahl. Jede gekürzte Fassung einer unendlichen Zahl enthält eine Unbestimmtheit, deren Auswirkung um so beträchtlicher wird, je weiter sich die Vorhersage über eine begrenzte Zeit hinaus erstreckt.

Aber neben dieser »dynamischen Komplexität«, die sich in die Zeit hinein erstreckt, wurde eine »strukturelle Komplexität« entdeckt, die – wie es Arecchi ausdrückt – *»in der Unmöglichkeit besteht, ein kompliziertes Objekt hinreichend beschreiben zu können, indem man es auf ein Spiel seiner Bestandteile mit ihren elementaren Gesetzen zurückführt«*. Dies ist nicht nur eine Annäherung des physikalischen Denkens an den »Organismusgedanken« des Aristoteles, demzufolge *»das Haus nicht die Summe der Ziegelsteine und Balken ist, denn ein wesentlicher Bestandteil davon ist der Plan des Architekten«*, sondern der Nachvollzug einer der grundlegenden Erkenntnisse von Konrad Lorenz für die biologische Evolution. Er hat die bei der Verbindung zweier Systeme zustande kommende, völlig unberechenbare und von den niedrigeren Systemen her nicht erklärbare Ordnung mit neuen Qualitäten mit dem Ausdruck »Fulguration« gekennzeichnet.

Mit der Erfahrung der »Komplexität« nähert sich die Physik den Geisteswissenschaften, und es scheint, als könnte unsere Zeit wieder ein einheitliches Weltbild zurückgewinnen, freilich unter Verzicht auf eine eindeutige Weltsicht und unter Hinnahme einer Vielfalt legitimer Gesichtspunkte. Dies ermöglichte eine neue Basis für intensive interdisziplinäre Diskussionen. Es war ein Künstlerwissenschaftler wie Leonardo, der sich – noch vor Galilei – der Erforschung komplexer Naturerscheinungen zuwandte, den Wasserstrudeln, den Wolkenbildungen, der Anatomie lebendiger Wesen, und der die grundsätzliche Unzulänglichkeit der Beschreibung komplexer Objekte erkannte. Er mag vermutet haben, daß sich in ihnen die eigentlichen Geheimnisse verbergen. Aber der Zugang blieb verschlossen. Erst der Umweg über das irrige »mechanistische Denken« führte zur Aufschlüsselung der Komplexität.

Raum und Zeit

Da unsere Vorstellungskraft die Zeit nur als Abfolge räumlichen Geschehens erfassen kann, vermag auch die Sprache sie nur mit räumlichen Symbolen zu bezeichnen. Das Abstraktionsprodukt Zeit entzieht sich durchaus unseren Sinnen.

Die Dinge benennen

Das »unbenannte Denken« nennt O. Köhler jene Fähigkeit der höheren Tiere und des Menschen, die als Ergebnis einer differenzierten Wahrnehmung vor Erlernen einer Sprache da sein muß, um Gegenstände, Erscheinungen, Anzahlen und so weiter zu unterscheiden. Die Biologen wissen von erstaunlichen Beobachtungen zu berichten, aus denen die Denkfähigkeit der Tiere ersichtlich wird: Sie können Neuerlebtes in Erfahrungskategorien einordnen, Schlußfolgerungen ziehen, Gelerntes behalten, also sich erinnern. Aber nur ansatzweise und in seltenen Ausnahmefällen können sie die Schwelle überschreiten, über die der Mensch zu seiner Intelligenz fand: die Dinge zu benennen. Am Anfang des Menschen stand das Wort.

❦ ❦

Realismus und Weltdeutung

Es gibt keinen Realismus in der Kunst, der die Realität wiedergäbe, ohne sie zu deuten. Wir sind überhaupt nicht in der Lage, etwas wahrzunehmen, was für uns keine Bedeutung hätte. Und erst mit dem Vorgang des Wiedererkennens stellt sich Erkenntnis ein. Bei Rupert Riedl heißt es: »*Alle Wahrnehmung ist ... Interpretation von Bedeutungen, so wie alles Erkennen ein Wiedererkennen ist.*«

Unbenannt denken

Wir müssen »unbenannt denken«, solange wir das richtige Wort nicht gefunden haben. Mitunter versagt es sich, obwohl es uns buchstäblich »auf der Zunge liegt«. Trotzdem »wissen« wir, was wir meinen und sagen wollen, und weisen deshalb das sich einstellende unzulängliche Ersatzwort zurück. Bei einem »Augentier« wie dem Menschen bedeutet »unbenannt denken« wohl weithin »innere Anschauung«, bildliches Erinnern, Vorstellen, Imaginieren, also vorzugsweise Tätigkeit unserer rechten Gehirnhälfte.

Wesen des Widerspruchs

Alle digital konstruierten Apparate kennen nur die Entscheidung zwischen Ja und Nein. Unser Gehirn besteht indes aus mehreren »Apparaten« der ehemals oder heute dominanten Wahrnehmungs- und Denkstrukturen. Da sie allesamt wirksam gegenwärtig sind, magisches, mythisches, mentales Denken sozusagen synchron geschaltet ist, existiert der Mensch als Wesen des Widerspruchs, vermag er für bestimmte Entscheidungen sowohl Ja als auch Nein gleichzeitig zu sagen.

Sprache – Gehirn – Welt

Aufgrund der Tatsache, daß auch die Sprachregionen des menschlichen Gehirns schon vor der Geburt gebildet werden und zum Erlernen jeder menschlichen Sprache befähigen, hat Chomsky in seinem Buch »Sprache und Geist« »*Prinzipien einer universalen Grammatik*« formuliert. Man kann weiter gehen als Eccles in seiner Vermutung, »*daß die Tiefenstruktur der Grammatik der Mikroorganisation der Sprachfelder des Gehirns homolog ist*«, indem man die Behauptung wagt, daß die grammatischen wie die neurologischen Strukturen eine Homologie zur Struktur der Weltwirklichkeit besitzen müssen, weil es ohne diese Übereinstimmung kaum zu wirklichen Erkenntnissen und ihrer sprachlichen Formulierung kommen könnte.

❧ ❧

Kein Zweifel durch Liebe

Dem trotz aller Logik schwachsinnigen Satz des Descartes »*Ich denke, also bin ich!*« antwortet die Weisheit Pascals mit den Worten: »*Es besteht kein Zweifel, daß der Mensch wenigstens weiß, daß er ist und daß er etwas liebt.*«

»Berge – Wasser«

»Landschaft« ist ein Gebilde des menschlichen Geistes, sie entsteht erst mit »perspektivischer« Sicht: Die einzelnen Elemente, Bäume, Seen, Wälder, Berge, Wolken, müssen miteinander in Beziehung gesetzt und als Teile eines Ganzen begriffen werden. Die archaischen Griechen hatten – wie es in einem Brief des Platonforschers Konrad Gaiser (vom 4. Juni 1972) heißt – »kein Wort für ›Landschaft‹ (als eine vom Betrachter her ganzheitlich empfundene Einheit)«, sondern sagten dafür etwa »Bäume und Felsen«, sie stellten also »*die landschaftlichen Elemente parataktisch nebeneinander*« – nicht anders, als es die Chinesen bis heute tun: Für Landschaft sagen sie »Shan Shui«: Berge – Wasser.

❦ ❧

Abstraktion und Synthese

Das Problem der Hermeneutik, das Erkennen einer Einheit im Vielfältigen und der gegliederten Vielfalt eines Ganzen, spiegelt die Polarität unseres Erkenntnisapparats wider, der ein Zusammenspiel von Abstraktion und Synthetisierung verlangt.

Wahrnehmung, Erfahrung, Erkenntnis

Die einmalige sinnliche Begegnung mit einem Weltausschnitt darf als Wahrnehmung bezeichnet werden. Sie ist eine irrationale, zumindest prärationale Identifikation des wahrnehmenden Subjekts mit dem wahrgenommenen objektiven Bestand. Jeszek Kolakowski zitiert den Philosophen Merleau-Ponty, der die Wahrnehmung für »absolut, ursprünglich« hält, und fügt hinzu, daß »*die Wahrnehmung immer vorangeht und innerhalb der Wahrnehmung Menschsein und Welt in einer untilgbaren Kopplung gemeinsam gegeben sind*«.

Erst aus einer Folge von Wahrnehmungen kann sich Erfahrung bilden. Diese ist auch ohne intellektuelle Verarbeitung ein Erkenntniswert, weil sie zu Verhaltensweisen führt, die lebenssichernd sein können. Erfahrung wäre also jenes »Mehr«, das die Summe der in ihr enthaltenen Wahrnehmungen übersteigt. Ihren Wert besitzt Erfahrung in dem Umstand, daß sie keinen bloß subjektiven Tatbestand, sondern eine auf Wahrnehmungen aufgebaute Synthese aus Subjektivem und Objektivem darstellt. Da wir deren Anteile nicht zu sondern vermögen, haben wir auch die Erfahrung als ein ursprüngliches Material anzunehmen, als so etwas wie ein existentielles Element, das von uns nicht weiter zu spalten ist.

Als Erkenntnis schließlich können erst jene Gemeinsamkeiten der Erfahrungen gelten, die in unserem Bewußtsein als »Gesetze«, als Regeln des Objektiven, erscheinen, wiewohl sich »natürlich« auch aus ihnen die Bedingungen des Erkennenden nicht fortdenken lassen.

Lebensgefahr für Hypothesen

Das allen Tieren eigene unbewußt vernünftige Verhalten – gemeinhin als Instinkt bezeichnet – hat die Errichter der evolutionären Erkenntnistheorie naturgemäß besonders beschäftigt. Sie sprechen von einer im Evolutionsprozeß erworbenen »ratiomorphen Ausstattung«, die auch dem Menschen zur Verfügung steht und ihm – neben seiner intellektuellen Entwicklung durch individuelle Erfahrung – in den Lebensfragen überwiegend richtige Entscheidungen ermöglicht.

Da in solchen Situationen eine falsche Entscheidung lebensgefährlich ist, wird der Selektionsvorteil deutlich, den die bewußte Reflexion dem Menschen verschafft hat. Durch die geistige Vorwegnahme von unzulänglichen Lösungen braucht nicht mehr der Mensch, sondern – wie es Karl Popper einmal formuliert hat – nur »*die Hypothese stellvertretend für ihren Besitzer zu sterben*«.

Nutzen des Verstands

Wir haben den Verstand, um unsere Vorurteile begründen zu können.

Erkennen – West und Ost

Fortschritte unserer wissenschaftlichen Welterkenntis lassen sich nur gewinnen, wenn es gelingt, unsere logozentrischen Vorstellungen näher an die Wirklichkeit heranzuführen. Was so einfach klingt, bedeutet für den westlichen Kulturkreis nichts anderes als die Anstrengung, *»unser definierend-logisches Sprachdenken«*, um es mit Rupert Riedl zu sagen, *»an eine komplexe, typologisch organisierte Welt der Verflechtungen und Übergänge«* besser anzupassen. Anders gesagt heißt das, daß wir dem analog-gestalthaft arbeitenden Erkennen der rechten Hemisphäre unseres Gehirns mehr Mitsprache einzuräumen haben. Die japanischen Erfolge in den Wissenschaften lassen vermuten, daß die Mentalität Ostasiens, sobald sie die analytische Logik des Szientismus verdaut hat, hier ein leichteres Spiel haben wird und sich möglicherweise für Chinas wissenschaftliche Entwicklung eine epochale Chance auftut.

Vom Mythos zum Mythos

Die Wissenschaft, das ist der ungeheure Umweg des Menschen vom Mythos zum Mythos.

Vernunftwissen

In der Rezension einer Untersuchung von Kants theologischen Gedanken schreibt Michael Moxter: *»Denn vollständige Erkenntnis kann es nicht geben, indem die Vernunft die Totalität aller Bestimmungen denkt, sondern nur in einer Analyse aller Bedingungen der Möglichkeit menschlicher Erfahrung.«* Was nichts anderes heißt, als daß die »vollständige Erkenntnis« in der Einsicht besteht, daß wir nur sehr Unvollständiges, Vorläufiges, Austauschbares, bestenfalls Ahnungsvolles wissen können.

Coincidentia oppositorum

In der individuellen wie in der kulturellen Geistesentwicklung scheint jeder wahrhafte Fortschritt durch die Vereinigung zweier bisher als unvereinbar geltenden Ansichten zustande zu kommen. Beispielhaft hat dies Josef Pieper an der Leistung Thomas von Aquins aufgezeigt. Dieser verklammerte den *»radikalen Evangelismus der Armutsbewegung, die Besinnung auf das biblische Christsein mit der in der neuentdeckten Lehre des Aristoteles verkörperten Zuneigung zur ›Welt‹, zur ›natürlichen Wirklichkeit‹«.* Er wählte nicht zwischen diesen beiden gegensätzlich scheinenden Standpunkten, er versöhnte sie miteinander.

Vernunft und Verstand

Kants Unterscheidung von Vernunft und Verstand berücksichtigt eine Verfassung der biologischen Struktur des menschlichen Begreifens, die erst in der Mitte unseres Jahrhunderts durch die »evolutionäre Erkenntnistheorie« eines Lorenz und Riedl enthüllt worden ist. Mit der Vernunft besitzen wir ein »A-priori-Wissen«: den durch die Evolution erworbenen, durch Anpassung an die reale Struktur der Welt entwickelten sogenannten »ratiomorphen Apparat«. Die »a-posteriorischen« Erkenntnisse des Verstandes gewinnen wir aus der kulturellen und individuellen Erfahrung.

❧ ❦

Disjunktive Begriffe

Die Kenntnis der Evolution veranlaßt uns, die Welt, wie wir sie vorfinden, als etwas in der Zeit Gewordenes zu verstehen. Die »Schichten«, die Nicolai Hartmann (1882–1950) im Sein erkennt, sind nur einseitig zu durchdringen, denn alles zeitliche Geschehen ist unumkehrbar. Lorenz weist mit Nachdruck darauf hin, daß aus diesem Grund »*die Denkform des kontradiktorischen Gegensatzes auf die Schöpfung nicht anwendbar ist*«. Und er stellt fest, daß die in unserem Denken und in unserer Sprache eingebürgerten »disjunktiven Begriffe«, also zum Beispiel die Gegensatzpaare von Geist und Natur, von Leib und Seele, zu den gefährlichsten Hemmnissen für die menschliche Erkenntnis geworden sind. Für die westlich orientierte zumal; denn im lebensklügeren Ostasien gibt es sie in solcher Form nicht, dort werden sie wie Yin und Yang als die Licht- und Schattenseiten ein und desselben Berges verstanden.

❧ ☙

Am Anfang war die Symmetrie

Auf einem gewaltigen Umweg kommt die moderne Atomphysik auf Einsichten der antiken Philosophie zurück. Werner Heisenberg bezeichnete 1975 in einem Vortrag die Elementarteilchen als »*Ausdruck der im Naturgesetz verankerten mathematischen Symmetrien: Diese bestimmen, wie sich Energie in Form von Materie, das heißt als Elementarteilchen, manifestieren kann*«. Die verschiedenen Elementarteilchen stellten nichts anderes dar als »*das Spektrum der Materie*«. Heisenberg berief sich dabei ausdrücklich auf die Richtigkeit von Platons Satz »*Am Anfang war die Symmetrie*«.

❧ ☙

Begründung der Symmetrie

Da das Prinzip der Symmetrie durch die ganze anorganische und organische Welt zu beobachten ist, reizt es immer wieder zur Erforschung seines Wertes. Soviel auch darüber nachgedacht worden ist, es scheint unmöglich, die Überlegenheit symmetrischer Geschöpfe im Daseinskampf zu begründen. Der ästhetische Wert der Symmetrie von künstlichen Gebilden ist uns – sozusagen aus zweiter Hand – durch die Natur um uns und in uns vorgegeben.

Nun vermutet man neuerdings den Vorteil symmetrischer Konstruktion in ihrer Überlegenheit bei der Weitergabe von günstigen Mutationen des Erbguts. Der Biologe Manfred Eigen sieht die Gründe für die an biologischen Strukturen zu beobachtende Tendenz zur Symmetriebildung innerhalb der molekularen Evolution. Eine selektiv vorteilhafte Mutation könne in einem symmetrischen Enzymkomplex erheblich schneller fixiert werden als in einem unsymmetrischen. Der selektive Vorteil komme nämlich in einem symmetrischen Komplex allen Untereinheiten gleichzeitig zugute, während sich in einem unsymmetrischen der Vorteil nur in der Untereinheit auswirkt, in der die Mutation auftritt. Also nicht der symmetrisch angelegte Organismus als solcher bewirkt einen Überlebensvorsprung, sondern die Tatsache, daß symmetrisch organisierte Wesen sich vorteilhafte Veränderungen mit größerer Folgewirkung zunutze machen können.

Und Kant hat doch recht

Bemerkenswert erscheint das Ausmaß der Bestätigung, das Kants Erkenntniskritik durch die aktuellen neurobiologischen Forschungen erfährt. Bis zu welcher Unterscheidungsschärfe muß der Philosoph die Methode der Selbstbeobachtung und der analytischen Sondierung mentaler Vorgänge getrieben haben, um sozusagen »von außen« jene Funktionen zu erfassen, die sich jetzt erst, nach Jahrzehnten systematisch-empirischer Hirnforschung, dem Verständnis öffnen.

❧ ❧

Informationszeichen

Die Einteilung der Informationszeichen (nach B.-O. Küppers) in syntaktische, semantische und pragmatische könnte man auch vornehmen in Zeichen, die stehen (in einem Zusammenhang untereinander), die für etwas stehen (was sie bedeuten), und solche, die Empfänger verstehen sollen. Die deutsche Bezeichnung »Nachricht« für eine Information hat den wesentlichen Gehalt vollkommen erfaßt: Nur das ist eine wirkliche Information, was eine »Handlungsforderung« darstellt, etwas, wonach ich mich richten soll.

Mythosforschung ohne Gehirn

In seinem Buch »Gott an hat ein Gewand« wendet sich Christoph Jamme gegen die – besonders im 19. Jahrhundert betriebene – Verdrängung des Mythos in die Historie und erkennt an, daß dieser »*eine grundlegende menschliche Erfahrung ist*«. Sein Bemühen zielt darauf ab, »*wie inhaltlich eine philosophische Theorie des Mythos aussehen könnte, die den Ergebnissen der modernen – insbesondere ethnologischen – Forschung gerecht würde*«.

Erstaunlich ist, daß er Piagets Erkenntnisse über die ontogenetische Entwicklung des menschlichen Geists im Kinde nur am Rande erwähnt und die Ergebnisse der Neurologie völlig unberücksichtigt läßt. Ist es die Hybris der spekulativen Philosophie, daß sie den naturwissenschaftlichen Forschungen keine grundlegende Bedeutung beimißt? Aber Jamme zitiert sehr ausführlich die neueren Arbeiten der Paläoanthropologie – und bringt sie auch einmal mit Piagets Ergebnissen in Verbindung. Doch die fundamentale physiologische Basis aller menschlichen Erkenntnisleistungen, das zentrale Nervensystem und die spezielle Organisation des menschlichen Großhirns mit seinen korrespondierenden Hemisphären, bleibt unbegreiflicherweise außer Betracht.

Einheit des Handelns, Betrachtens und Denkens

Auch die evolutionäre Erkenntnistheorie (Lorenz, Riedl und andere) lehrt uns nicht zu erkennen, was die Dinge sind, sondern wie wir uns ihnen gegenüber zu verhalten haben. Unsere Intelligenz vermag der Wirklichkeit keine Auskunft über das Wesen der Dinge abzutrotzen, wohl aber ziemlich ausreichende Hinweise auf ihr vermutliches Verhalten uns gegenüber. Unsere ontologischen Begriffe haben sich allein im Hinblick auf die Existenz des Menschengeschlechts entwickelt. Dadurch erweist sich in der Tat ein fundamentaler Zusammenhang des Guten, Schönen und Wahren. Denn der handelnde, der betrachtende und der denkende Mensch bilden eine Einheit.

Der gescheiterte Rationalismus

Dem Rationalismus sind spätestens im 19. Jahrhundert alle seine Begründungen abhanden gekommen. Descartes hatte seine Ontologie auf drei Voraussetzungen aufgebaut: Erstens: Die Natur ist vernünftig konstruiert. Zweitens: Die Vernunft, die der Natur zugrunde liegt, ist die der Mathematik. Drittens: Die Gesamtsumme der Bewegung im All bleibt gleich. Alle diese Annahmen haben sich, wie die Philosophen zugestehen, inzwischen als unhaltbar erwiesen.

Geist und Messer

Das »Geistige« kann sich nicht »als solches« ausdrücken, denn es ist mehr eine Methode denn ein Gehalt. Geist drückt sich aus, indem sich zum Beispiel die Idee des Schneidens in einem behauenen Stein oder einem Stück geschliffenen Eisens objektiviert – zum Messer.

Art und Weise der Welterzeugung

Für den amerikanischen Philosophen Nelson Goodman ist jedes künstlerische Gebilde – ebenso wie die Erschaffung einer wissenschaftlichen Theorie – eine »Art und Weise der Welterzeugung« und insofern ein Erkenntnisvorgang. Selbst in der Entdeckung von Gesetzen sieht er weniger ein Finden als ein Erfinden. »*Das Erkennen von Strukturen*«, schreibt er, »*besteht in hohem Maße darin, sie zu erfinden und aufzuprägen. Begreifen und Schöpfen gehen Hand in Hand.*«

Deduktive und induktive Methode

Es wundert mich, daß die beiden gegensätzlichen Methoden wissenschaftlicher Beweisführung, das deduktive und das induktive Schließen, bisher noch nicht mit der Organisation unseres Gehirns in Zusammenhang gebracht worden sind. Denn es scheint, als ob dabei – jeweils beim Ausgangspunkt oder zum Ziel hin – die Leistungen einer der beiden Hemisphären im Vordergrund stehen. Das deduktive Schließen setzt ein Bild des Ganzen voraus und leitet davon immer weiter isolierte Einzelheiten ab; es geht also zunächst von Vorgaben der rechten Hirnhälfte aus. Umgekehrt das induktive Verfahren: es baut von verschiedenen Seiten her aus Details einen Erkenntniszusammenhang auf, der schließlich zu einer »anschaulichen Gestalt« gebracht werden kann.

Wiederherstellung des Vertrautseins

Philosophie, die zu keinem Ende kommt, ist zu nichts nütze. Ihr Ziel – »das Selbstverständnis des Menschen im Ganzen der Wirklichkeit« – ist nur erreichbar, wenn es gelingt, die tiefe Entfremdung zwischen dem handelnden Menschen und der sich ereignenden Natur zu überwinden: das Vertrautsein wiederherzustellen.

Raum-Zeit und Wirklichkeit

Die Begegnung mit dem Janusgesicht von Raum und Zeit gehört zum ältesten Erbe unserer Erfahrung von Wirklichkeit. Konrad Lorenz wunderte sich einmal über die einzellige Amöbe, die eine nach allen drei Dimensionen des Raums gesteuerte Bewegung zu vollziehen versteht, so daß sie einem Beobachter »*als erstaunlich intelligentes Tier*« erscheinen muß. Ebenso steht es um die Unterscheidung von Vergangenheit und Zukunft. Prigogine glaubt nicht, daß es sich dabei um ein Element unserer Subjektivität handelt: »*Denn daß der Pfeil der Zeit eine bestimmte Orientierung hat, ist nicht nur eine Tatsache unseres Bewußtseins (oder des Bewußtseins der Amöbe). Die Entdeckung von irreversiblen Prozessen – angefangen von den Elementarteilchen bis hin zu kosmischen Ereignissen – zeigt, daß dies ein Merkmal des gesamten Universums ist.*«

※ ※

Wo bleibt die Wahrheit?

»*Und wo bleibt die Wahrheit?*« fragt der Wissenschaftler und Kulturkritiker Erwin Chargaff in seinem Buch »Zeugenschaft« in einer Anmerkung zur wissenschaftlichen Erkenntnis. »*Wurden wir nicht in unseren Schulen gelehrt, daß die Naturwissenschaften die Wahrheit über die Natur suchen? Sie suchen sie, das ist richtig; aber sie können sie nicht finden, denn in der den Wissenschaften eigenen reduktiven Form gibt es sie nicht. Die Forschung entdeckt kleine Teilwahrheiten, überholbare Wahrscheinlichkeiten.«*

Vom Wert der Augen

»Guten Tag!« wünschte der Bussard einem Maulwurf, der mit spitzem Kopf aus einem Erdhaufen herausschaute, aber den auf der Wiese neben ihm hockenden Vogel offensichtlich nicht bemerkt hatte. »Gott zum Gruße!« entgegnete der Maulwurf höflich, ohne den Gefiederten eines Blickes zu würdigen. »Die Augen«, so eröffnete er das Gespräch, »erachte ich als das überflüssigste Organ. Ich finde meine Regenwürmer, Engerlinge und Käfer ganz ohne sie.«

»Mag schon sein«, entgegnete der Bussard, »aber ich würde bei allgemeinen Feststellungen dieser Art eine gewisse Zurückhaltung empfehlen. Denn ich müßte wohl Hunger leiden, sähe ich die Mäuslein nicht flugs aus luftiger Höhe, wenn sie von einem Loch ins andere flüchten – oder Sie zum Beispiel«, und dabei schlug er seinen scharfen Schnabel in den samtschwarzen Nacken des Maulwurfs.

Orientierungshilfen

Philosophische Erkenntnisse wie künstlerische Leistungen können wohl angemessener als »Orientierungshilfen« denn als Wahrheiten bezeichnet werden. Da die Welt eine unwandelbare Wahrheit nicht preisgeben will, neigen Philosophen dazu, den bescheideneren Begriff der »Richtigkeit« zu gebrauchen. Diese setzt nur eine Weltsicht und ihre innere Konsequenz voraus und zielt mehr auf die Tauglichkeit ab, sich mit ihrer Hilfe in der Welt zurechtzufinden.

Der Pfeil der Zeit

Die Physik erschien dem menschlichen Geist bis ins beginnende 19. Jahrhundert als ein Raum außerhalb der Geschichte. Joseph Fourier war es, der mit dem Gesetz der Wärmeausbreitung und dem Begriff der Entropie *»den Pfeil der Zeit in die Physik eingeführt«* hat, wie es Prigogine anschaulich sagt. Erst von da an weiß man von der Unumkehrbarkeit bestimmter Prozesse.

Die Perspektive des Huhns

Auf die Logik ist kein Verlaß. Wenn wir uns – wozu uns ja unsere Veranlagung ermutigt – so verhalten, als würde mit jeder Bestätigung einer Prognose diese wahrscheinlicher, befinden wir uns – wie Bertrand Russell einmal plastisch geschildert hat – nur in der Lage jenes Huhns, das mit jedem Tag seiner Fütterung seinen Fütterer mehr für seinen Wohltäter halten muß, ohne wissen zu können, daß es damit nur dem Tag näher kommt, da es im Suppentopf seines Wohltäters landen wird.

Können wir ohne Kultur leben?

❧ ❧

Verwandtschaft der Menschheit

Die überraschende Verwandtschaft der menschlichen Sprachen und Kulturen, die kaum begreiflichen Gemeinsamkeiten in Grab- und Kultbauten, Bildschaffen und Gebräuchen selbst antipodischer Völker ist nur durch den – nicht mehr als einige Jahrzehntausende zurückliegenden – gleichen Ursprung der heutigen Menschheit zu erklären. »*Alle heutigen Bewohner der Erde*«, begründet H. G. Wunderlich diesen Sachverhalt, »*als Glieder ein und derselben Unterart des ›Homo sapiens sapiens‹ stammen von einer Handvoll würmeiszeitlicher ›Neanthropinen‹, sie haben also ›von Haus aus‹ prinzipiell eine ähnliche geistige Konstitution*«, wohin auch immer sie die weiträumige Wanderschaft in der Spät- und Nacheiszeit geführt hat.

Der Mensch, der aus der Kälte kam

Die allmählich erzielte Übereinstimmung der Paläoanthropologen, daß die Vorfahren des heutigen Menschen, der Homo habilis und der Homo erectus, sich im südlichen Afrika herausbildeten und von dort aus ihren Siegeszug über die ganze Erde begonnen haben, wird durch neue Funde und dadurch ausgelöste neue Thesen immer wieder in Frage gestellt. So hat der russische Archäologe Juri Motschanow nun im unwirtlichen Jakutien primitive Steinwerkzeuge gefunden, deren Alter von ihm auf rund zwei Millionen Jahre geschätzt werden. Wenn es zuträfe, daß am Ort dieser Fundstätte Diring-Jurjach wirklich schon eine Kultur des Homo habilis existiert habe, dann gerät die bisher gehegte Vorstellung von der menschlichen Vorgeschichte ins Wanken.

Gegen Motschanows Theorie einer gleichzeitigen Menschheitsentwicklung in verschiedenen Regionen sprechen die Erkenntnisse der Genanalyse, die eine engste Verwandtschaft aller lebenden Völker anzeigen. Man müßte dann radikal von den bisherigen Annahmen Abschied nehmen. Lag die Wiege der Menschheit überhaupt nicht in den südlichen Regionen, wo es kaum Veranlassungen gegeben hätte, aus einem nahezu »paradiesischen« Dasein auszubrechen?

Motschanow jedenfalls macht gerade das unwirtliche Klima dafür verantwortlich, daß unsere Vorfahren zu den entscheidenden evolutionären Schritten getrieben wurden, um sich auf der Erde behaupten zu können. Die vor zweieinhalb Millionen Jahren beginnende Abkühlung drängte die Wälder zurück und schuf riesige Steppen; der vormals in Bäumen lebende Vorläufer des Menschen wurde gezwungen, mühevoll den aufrechten Gang anzunehmen. (Die häufigen Bandscheibenschäden von heute sind eine schmerzliche Erinnerung daran.) Die Notwendigkeit, sich nun auch von tierischer Kost zu ernähren, machte die Erfindung und den Gebrauch von Waffen erforderlich: Als Jäger und Sammler entwickelte der Homo habilis jene Geschicklichkeit, die eine zunehmende Entfaltung seines Gehirns herbeiführte und eine allmähliche Kommunikation durch sprachliche Verständigung ermöglichte. Auch daß der heutige Mensch generell kein Haarkleid mehr trägt, stützt die Hypothese des Russen: denn nur in kaltem Klima hatte der Hominide Veranlassung, sich mit Fellen zu schützen, wodurch dann sein Haarkleid verlorenging. Ob sich auch schon die Beherrschung des Feuers in diesen Zusammenhang stellen läßt, wird so lange unklar bleiben, bis man sichere Brandreste oder Feuerstätten aus damaliger Zeit nachweisen kann. Freilich stellt bislang das größte Hindernis für die Anerkennung von Motschanows Herausforderung der unterschiedliche Umgang mit der Thermoluminiszenzmethode dar. Amerikanische Forscher wollen aufgrund ihrer Analysen den jakutischen Steinwerkzeugen nur ein Alter von 300 000 Jahren zubilligen. Dann allerdings handelte es sich bei den Funden nur um Zeugnisse, die einen Rückfall weit nach Norden vorgedrungener Scharen des Homo erectus in die ungeschickten Zustände der ältesten Steinzeit dokumentierten.

Gleichzeitigkeit des Ungleichzeitigen

Zusammenhängende Entwicklungslinien einer Kultur der Menschheit zu zeichnen, dürfte, je frühere Zeiten es betrifft, eine um so gewagtere verallgemeinernde Abstraktion darstellen. Denn Stillstand und Rückfall sowohl technisch-ökonomischer als auch geistig-religiöser oder künstlerischer Errungenschaften in einzelnen Gebieten, ganzen Ländern oder auch Kontinenten bewirkten oft die Gleichzeitigkeit des Ungleichzeitigen. Und vor der Erfindung der Schrift und einer breiteren Schulpflicht spielte sich kulturelles Leben in einer verschwindend kleinen Elite ab; noch zu Beginn der Neuzeit gab es Bücher nur in Klosterbibliotheken und in den Händen weniger Priester oder Gelehrter. So konnte an ein und demselben Ort ein sprachgewandter Hieronymus die Vulgata übersetzen und den Geist des Christentums schärfen, außerhalb seines Gehäuses aber, wo sein zahmer Löwe die Esel bewachte, lebten die Landleute noch im animistischen Glauben der Steinzeit.

❧ ❧

Kultur und Geschichtsbewußtsein

Erst Kultur schafft Geschichtsbewußtsein. Und der Mensch kann seiner Geschichtlichkeit nur unter Verlust seiner Kultur entrinnen.

Götter statt Bewußtsein

Vor der Entstehung des subjektiven, seiner selbst bewußten Geistes spielten, wie Julian Jaynes besonders mit seiner Interpretation der »Ilias« verdeutlicht hat, Götter die Rolle des Bewußtseins. Die Helden der Mykener hatten noch kein Selbst. Sie erhielten ihre Befehle von Göttern, die der Wissenschaftler heute als Gestalten der Einbildungen entlarvt, als Organisationstypen des Zentralnervensystems. »*Im Trojanischen Krieg*«, konstatiert Jaynes bündig, »*führten Halluzinationen das Kommando*«.

Wandel und Fortschritt

Der schwer zu deutenden Zyklen unterliegende Wandel in den religiösen Vorstellungen, in der Philosophie und in der Kunst darf nicht verwechselt werden mit dem prinzipiell kontinuierlichen »Fortschritt«, der allein in der wissenschaftlichen Erkenntnis und ihrer praktischen Anwendung in der Technik anzutreffen ist.

Theatralische Symbole

Riten sind symbolhafte Handlungsverdichtungen, in denen sich Grunderfahrungen unserer Existenz in Figuren und Szenen verkörpern. Im Theater werden Bilder des Lebens inszeniert, im Ritus theatralische Symbole vollzogen.

❦ ❦

Die müßigen Künste

Manche Spruchweisheit trifft die Wirklichkeit des Lebens oft gründlicher als die gedanklichen Anstrengungen der Gelehrten. In einem Buch des amerikanischen Archäologen Samuel Noah Kramer über »Mesopotamien« ist zu lesen, mit dem Übergang vom Nomadendasein zu bäuerlicher Feldbestellung im Zwischenstromland »*gewann der Mensch zum ersten Male Muße, die Grundlagen der Entwicklung von Techniken, Künsten und Gedanken zu legen*«.

Aber der revolutionäre Wandel von nomadischer Nahrungssuche zu seßhafter Produktion fand fünf Jahrtausende vor dem plötzlichen Entstehen einer Hochkultur um 3000 vor unserer Zeitrechnung statt. Und Kramers idyllische Vorstellung unterschätzt den mühevollen Arbeitsaufwand, den der primitive Ackerbau mit seiner Ab-

hängigkeit vom Wetter, die oft erforderlichen Bewässe-
rungsanlagen und die anfängliche Viehzucht, die das Hir-
tendasein mit Haus- und Stallbau mit sich brachten.
Dagegen muß das vorausgegangene »Zigeunerdasein«
geradezu ein Urlaubsleben gewesen sein. Der Arbeitstag
eines Bauern noch zu Beginn des 19. Jahrhunderts – also
vor der technischen Erleichterung der Motorisierung –
vom Morgengrauen bis in den einfallenden Abend hinein
hätte den Archäologen eines Besseren belehren können.
Nein, die Muße war es nicht, die die Künste hervorgebracht hat. Müßiggang ist aller Laster Anfang, nicht der
Beginn von Kultur. Die Bibel weiß es genauer: Die Vertreibung aus dem Paradies der Sammler und Jäger war es,
das Adam zum Graben und Eva zum Spinnen zwang »*im
Schweiße ihres Angesichts*«.

Klimatisch oder ökologisch bedingter Mangel an
Früchten und an Wild mag es gewesen sein, der die hungrigen Menschen nötigte, sich den Lebensunterhalt mit al-
lergrößter Mühe selbst zu beschaffen. Die Not war es, die
auch den frühen Menschen erfinderisch und arbeitsam
machte. Was dabei an schlichten kulturellen Errungenschaften hervortrat, war im wahrsten Sinne des Wortes
Überlebenskunst.

Kein Gänsemarsch

Der Gedanke vom »Gänsemarsch« der geschichtlichen Prozesse muß fallengelassen werden. Denn die Abschnitte folgen nicht aufeinander, sondern schieben sich nebeneinander, bei weiterwirkender Gegenwart der die vergangenen Perioden bestimmenden Geisteshaltungen. Es gibt also keine Ablösungen, sondern nur Akzentverlagerungen. Wenn Jean Gebser von einer Aufeinanderfolge der magischen, mythischen und mentalen Epoche der Menschheit spricht, dann gilt das nur im Sinne solcher Akzentuierung. Wie schon dem magisch bestimmten Menschen mit dem Gebrauch der Sprache Ansätze des mythischen und wohl auch des mentalen Denkens gegeben waren, so wird der heutige Mensch trotz aller Aufklärung in vielen Bereichen seines Denkens noch von mythischen und auch magischen Vorstellungen mitbestimmt.

❦ ❦

Totenmasken der Osterinsel

Die geheimnisvollen »moai« der Osterinsel, diese gewaltigen, maskenhaften Tuffsteinplastiken, müssen als Verkörperungen bedeutender Vorfahren auf den Friedhöfen der Insel angesehen werden. Zwei interessante Gesichtspunkte sind jüngst in die umstrittene Beurteilung dieser Ahnenbilder eingeführt worden. Walter Exner deutet die extrem hohen Kopfbedeckungen, die »pukao«, als die bei den Adelsfamilien als Standestracht überlieferte Pelzmütze der Wikinger, die bis zu Inseln des Pazifischen Ozeans vorgedrungen seien. Josefine Huppertz begründet die Gleichförmigkeit der »moai« mit der Tatsache, daß diese Ahnenfiguren mit einer Maske dargestellt sind, zu der ihre großen Ohren gehören und die sich durch die scharfe Kante deutlich von Hals und Nacken abhebt.

Auch auf der Osterinsel galt das alte Gesetz von »Gib und nimm«: Die auf dem Friedhof aufgestellten und dort verehrten Ahnenfiguren blicken alle auf den Dorfplatz ihrer Nachfahren, *»und ihre Anwesenheit sicherte den Lebenden Schutz und Selbstvertrauen«.*

Österreichischer Fortschrittsglaube

Ein sonst unbekannter österreichischer Existenzphilosoph hat eine möglicherweise für die gesamte Evolutionsproblematik grundlegende Definition der historischen Entwicklung des Menschengeschlechts gegeben. *»Das Leben«*, schrieb er, *»ist der gezielte Fortschritt von Katastrope zu Katastrophe.«*

Ackerbau und Rauschgift

Von den Buschmännern wird berichtet, daß sie als einzige Pflanze Ganja anbauen, um Marihuana zu gewinnen. Sein Genuß hilft ihnen angeblich, die langen Wartezeiten bei Jagd und Fischfang angenehm zu verkürzen. Carl Sagan läßt sich dadurch zu der Frage verleiten, ob der Ackerbau vielleicht gar nicht des Getreides wegen erfunden worden sei, sondern nur, um eine Rauschgiftpflanze zu züchten. (Dabei wird vergessen, daß die ersten Bauern einen Boden beackerten, der nicht die paradiesische Fülle des afrikanischen Buschs hervorbrachte. Und sie taten es wohl unter dem Druck einer anwachsenden Zahl von Kindern. Diese verlangten wohl weniger nach Marihuana als nach Korn- und Hirsebrei.)

Mithilfe des Pferdes

Die Schaffung großer Reiche war das Werk von Reitern. Die erste weiträumige Zivilisation des Westens mit allen Vorstufen von staatlicher Organisation und Verwaltung entstand nach dem Vordringen der um 3500 vor Christus aus Mittelasien kommenden Sumerer in das südliche Zweistromland – vermutlich mit der Einführung des Pferdes. Und das erste Großreich der chinesischen Ge-

schichte wird von Chin Shi Huang Di geschaffen, dem ersten Kaiser Chinas, der vermutlich kein Chinese, aber
Sohn eines reichen Pferdehändlers aus dem westlichen
Nachbarland war, wo später noch der russische General
und Asienforscher Przewalski eine restliche Herde von
Wildpferden entdeckte. Der Mensch als Fußgänger konnte jagen, sammeln, das Feld bestellen, Dörfer und Städte
gründen und auch begrenzte Kriege führen. Reiche schaffen, Weltreiche gar wie Alexander oder die Hunnen,
konnte er nur auf dem Rücken der Pferde.

Fortschritt zum Primitiven

In der Jagd steht die Evolution auf dem Kopf. Sie hat in der
frühen Menschheit begonnen mit einem Höchstmaß an
Beobachtungsfähigkeit, Einfühlung und Konzentrationskraft, weil nur eine Mindestausstattung mit technischen
Hilfsmitteln vorlag. Dann schritt sie über die Verwendung
einfacher Steinwerkzeuge zu wirksameren Waffen wie
Lanze, Pfeil und Bogen, Armbrust, schließlich zu den Feuerwaffen mit Zielfernrohr vor, die eine immer weitere Entfernung zum Tier erlauben und immer weniger an Naturbeobachtung und Tierkenntnis voraussetzen.

Schrift und Vergeßlichkeit

Die Erfindung der Schrift war wohl das revolutionierendste Ereignis der menschlichen Kulturgeschichte. Das vordem hochaktivierte menschliche Gedächtnis wird durch sie entlastet und zugleich entwertet. Platon betrachtet diesen Wandel deshalb höchst skeptisch. In seinem Phaidros erzählt er den Mythos vom Gotte Thot, dem ägyptischen Prometheus, dem auch die Erfindung der Schrift zugeschrieben wird und den er deshalb vom Gott-König Ammon tadeln läßt:

> *»Denn wer dies lernt, dem pflanzt es durch Vernachlässigung des Gedächtnisses Vergeßlichkeit in die Seele, weil er im Vertrauen auf die Schrift von außen her durch fremde Zeichen, nicht von innen her aus sich selbst die Erinnerung schöpft. Nicht also für das Gedächtnis, sondern für die Erinnerung fandest du ein Mittel. Von der Weisheit aber verleihst du deinen Schülern den Schein, nicht die Wahrheit.«*

❧ ❧

Kultur als Verschmelzung

Erst die Begegnung und Durchdringung unterschiedlicher Vorstellungen und Lebensweisen scheint die Voraussetzung für einen bemerkenswerten Schritt in der kulturellen Evolution zu schaffen. Auch hier dürfte sich das

Lorenzsche Gesetz der »Fulguration« bestätigen, wonach die Verschmelzung unterschiedlicher Systeme eine höhere Ordnung hervorzubringen imstande ist, deren Qualität sich aus den ursprünglichen Bestandteilen nicht mehr erklären läßt. Das Entstehen der frühesten menschlichen Hochkultur kann geradezu als Lehrbeispiel für diese These herhalten: Die in Mesopotamien seit etwa 5000 vor Christus ansässigen Einwanderer der Obeidkultur (nach einem kleinen Hügel bei Ur benannt) verschmolzen Ende des fünften Jahrtausends mit einigen semitischen Stämmen, die aus der syrischen Wüste und aus der westlichen arabischen Halbinsel in dieses fruchtbarere Gebiet eindrangen. Die sich daraus ergebende »*wechselseitige Befruchtung beider Kulturen rief eine neue, produktivere Ära hervor, von der man sagen kann, daß sie den ›Grundstein‹ für die erste wirkliche Kultur der Menschheit legte*«. Diese aber ereignete sich erst durch den Beitrag der um 3500 vor Christus vermutlich aus Zentralasien einwandernden Sumerer. Die nun im südlichen Zweistromland sich vollziehende ethnische und kulturelle »Kreuzung« aus drei stark differierenden Gewächsen läßt in den folgenden Jahrhunderten die früheste Hochkultur wie eine Wunderpflanze emporwachsen.

Begegnung der Kulturen

Die Kulturwissenschaften stehen immer wieder vor dem erstaunlichen Phänomen, daß sich nach Jahrhunderten des Stillstands entscheidende Entwicklungen in unwahrscheinlich kurzen Zeitspannen vollzogen haben. Eine Erklärung dafür bietet der Vorgang, den Konrad Lorenz als »Fulguration« bezeichnet hat, eine Verschmelzung zweier »Gedanken«, zweier vorhandener Systeme zu einem völlig Neuen. Dieses für die Evolution gültige Gesetz der »schöpferischen Verbindung« liegt wohl auch den großen Schritten der menschlichen Kultur zugrunde. Nur aus der Begegnung zweier – noch so primitiver – Kulturen und aus ihrer Durchdringung vermag sich plötzlich eine höhere Kultur zu erheben, die alles übersteigt, was die beiden Komponenten einzeln kennzeichnete.

❦ ❦

Eingebildete Sintflut am Indus

Von der »großen Flut«, die alle Menschen ausrottete – bis auf einen Gerechten, dem Gott Gnade angedeihen ließ – berichtet lange vor der Bibel schon das Gilgamesch-Epos, und es gibt verwandte Sagen an vielen Orten. Daß die christliche Umdeutung in »Sündflut« eine gutgemeinte Verballhornung darstellt und das Wort schon im

Althochdeutschen »sinvluot« lautete (nach sin = immer, groß, allgemein), also die dreifach zutreffende Bezeichnung einer lange andauernden, großen und alles vernichtenden Überschwemmung ist, vermag meinen Spekulationen den Reiz nicht zu nehmen, die Urheimat des Berichts könnte das Indusgebiet gewesen sein, wo einmal der gewaltige Strom, der im Altindischen Sindhu hieß, die frühblühende Harappakultur hat untergehen lassen, die den alten Sumerern schon unter dem Namen Dilmun bekannt war. Noch heute wird die Region Sind immer wieder von gefährlichen Überschwemmungen des launischen Stroms heimgesucht.

Abendland und Sumer

Die beiden so unterschiedlichen Hauptströme, aus denen sich die abendländische Kultur genährt hat, haben ihre Quellen in demselben Land. Die Glaubensvorstellungen des Alten Testaments und die Mythologie der Griechen wurzeln in der Geisteswelt Sumers. Gilgamesch ist der Vorfahr Abrahams wie der des Herakles.

Die Einheit des Reichs

Die Schwierigkeit, historische Vorgänge zu erklären, beruht hauptsächlich auf der Tatsache, daß das logische Denken nicht ausreicht, die Geschehnisse als Gewebe von Ursache und Wirkung zur Geschichte zusammenzufügen. Deshalb haben auch immer wieder Laien überraschend einleuchtende Begründungen geboten, weil sie keine Scheu vor Analogieschlüssen hatten.

Als der Physiker Kurt Mendelssohn – ein Laie auf dem Gebiet der Ägyptologie also – die Entstehung des einheitlichen Reichs am Nil beschrieb, mag ihm vielleicht die einschneidende Veränderung des sozialen und politischen Bewußtseins vor Augen gestanden haben, die im Ersten Weltkrieg durch die landsmannschaftliche Mischung fast der ganzen männlichen Bevölkerung in den militärischen Einheiten zustande gekommen ist. (Das gesamtdeutsche Gefühl der Weimarer Ära findet hier seine Begründung.) Es hat wohl keines ausdrücklichen und bewußten Vergleichs mit diesem Vorgang bedurft, um ihm einen Zugang zum Verständnis eines sonst kaum erklärbaren Ereignisses vor fast 4500 Jahren zu öffnen. Er erklärte den erstaunlichen Vorgang, daß sich das Reich der Ägypter unter König Djoser fast unbemerkt aus den vielen Stämmen zu einer Einheit entwickelte, mit dem Umstand, daß Hunderttausende von Bauern aus der Isolierung in ihren kleinen Dörfern herausgeholt wurden zu den riesigen Baustellen der Pyramiden. In den Arbeitsregimentern schliffen sich die Andersartigkeiten von Sprache, Verhalten und Essen, von Denken und Vorstellen allmählich ab, es wuchs ein Zusammengehörigkeitsgefühl, und so ergab sich mit den Jahrzehnten gemeinsamen Frohndienstes die vorher nur äußerlich oder symbolisch beschworene Einheit von Ober- und Unterägypten als soziale und politische Realität.

Anlauf zur Industrialisierung

Die Entwicklung der modernen Technik und die Industrialisierung haben einen Anlauf von rund 100 Jahren gebraucht. Im »Schlüsseljahr« 1750, als Johann Sebastian Bach starb, besiegten Aufklärung und Enzyklopädismus die Auswüchse des Aberglaubens: In den deutschen Ländern wurden die Hexenprozesse abgeschafft. Im selben Jahr ersetzt der Engländer Wyatt das Spinnrad, Symbol der selbstversorgerischen Handarbeit, durch die Spinnmaschine. Der nun beginnende Prozeß der Technisierung aller Lebensbereiche gewinnt dann ziemlich genau um 1850 eine neue Dimension, das Industriezeitalter tritt offen in Erscheinung. Die noch vom Mittelalter geformten neuzeitlichen Bürgerstädte werden durch den Zuzug der Arbeiterbevölkerung und die Entstehung der Fabrikareale zerstört und wuchern zu den gestaltlosen Großstädten aus.

Wasser für die Totenbarke

Es mag erstaunen, welch fundamentale Entdeckungen in der anscheinend so gründlich erforschten Kultur des alten Ägyptens immer noch möglich sind. Zum erstenmal wurde nun ein gemauerter Kanal gefunden, der vom Nil zum Taltempel des Chephren führt, wo er in einem Becken endet. Noch fehlen Angaben über die Ausmaße dieses Bauwerks, so daß weitere Überlegungen auf unsicherem Grund stehen. Daß diese Anlagen im Zusammenhang mit dem altägyptischen Totenkult stehen, gilt als sicher. Die in der Zeitungsmeldung geäußerte Ansicht, daß sie Reinigungsritualen dienten, erscheint allerdings fraglich; hätte es dafür solch aufwendig ausgemauerter Kanäle und Becken bedurft? Die Vermutung liegt näher, daß die neu entdeckten Anlagen im Zusammenhang mit den »Totenbarken« stehen, für die man die gemauerten Gruben schon in den 1930er Jahren unter anderem paarweise zu seiten des Totentempels des Chephren gefunden hat. Mitte der 1950er Jahre ist dann bei einem Straßenbau bei Giseh das erste vollständige »Sonnenschiff« in einer Kammer an der Südseite der Pyramidenbasis entdeckt worden. Der zugleich realistisch und metaphysisch ausgerichteten Mentalität der alten Ägypter entspräche es, im Kanal das Wasser bis zur ewigen Wohnstätte des Pharao geführt zu haben, damit er von dort aus die oft abgebildeten Fahrten durch die Unterwelt zusammen mit seinem väterlichen Sonnengott antreten konnte.

Aus-Richtung

Die richtige Stadt ist die orientierte Stadt. Schon in den ältesten Zeiten errichteten die Menschen ihre Siedlungen in genauer Nord-Süd- und Ost-West-Orientierung, die Römer wie die Bewohner des alten Orients oder die Chinesen. Das Praktische und das Metaphysische stimmten überein. Die Stadt war eingefügt in die große kosmische Ordnung, als deren Richtpunkt der Polarstern und der höchste Sonnenstand fungierten. Und man fand sich schnell in ihr zurecht. In das Gewirr der mittelalterlichen europäischen Siedlung, die nach den Erfordernissen der Verteidigung in die Landschaft gepfercht werden mußte, ist diese Orientierung nur noch zeichenhaft durch die West-Ost-Ausrichtungung der christlichen Kirchen eingeschrieben, den steingewordenen Geboten, des Heils aus dem Osten zu gedenken. Der gläubige Muslim vollzieht diese Orientierung mit seiner Person, indem er – wo immer auf dieser Erde er sich befindet – sich im Gebet nach Mekka hin verbeugt. Mit dieser Aus-Richtung bleibt sein Erdkreis geordnet.

Vom Elend des Prinzips

Eine »Theorie des gegenwärtigen Zeitalters« versucht Panajotis Kondylis mit seinem Buch »Der Niedergang der bürgerlichen Denk- und Lebensform«, in dem er »*die liberale Moderne der massendemokratischen Postmoderne*« gegenüberstellt. In einer ausgewogenen Würdigung dieser Arbeit erinnert Gustav Seibt daran, daß »*das zu Ende gehende Jahrhundert … auf Bilanzen gestimmt*« ist, rügt jedoch an dem anspruchsvollen Unternehmen, daß hier wieder einmal »*eine historische Formation nach rein formalen Gesichtspunkten systematisiert wird*«.

Grundthese des Buchs ist die Ablösung einer »synthetisch-harmonisierenden« Denkfigur im bürgerlichen 19. Jahrhundert durch eine »analytisch-kombinatorische« in der massendemokratischen Welt der Gegenwart. Kondylis belegt seine These mit Beispielen aus den verschiedenen Lebens- und Kulturbereichen, am anschaulichsten wohl aus dem der Künste.

Das Elend solcher Schematisierungen beruht auf der Tatsache, daß die Abstraktion einer lebensvoll-widersprüchlichen geschichtlichen Epoche auf ein Prinzip wie das der »analytisch-kombinatorischen Denkfigur« eine derart allgemeine Aussage bedeutet, daß unter ihr Analogien höchst unterschiedlicher Erscheinungen Platz haben. Wirkliche Überzeugungskraft könnte eine solche Schlüsseltheorie nur gewinnen, wenn es ihr gelänge, die definierten Unterschiede auf eine wesentliche Veränderung der Lebensgrundlagen – oder auf ein ganzes Parallelogramm von solchen Veränderungen – zurückzuführen.

Freilich unternimmt der Menschengeist ungeachtet aller Warnungen und aller Spuren, die schrecken, immer wieder den Versuch, die Vielfalt der beobachteten Erscheinungen auf ein einziges und einheitliches Prinzip zu reduzieren, ohne hoffen zu dürfen, jemals eine ausreichende oder gar dauerhafte Erklärung zu finden.

Lustvoller Verfall

Die Naturgeschichte kennt zwar Beispiele für die Involution, das Ausscheren aus der zunehmenden Differenzierung und Höherbildung von Lebensordnungen, aber nur in der menschlichen Kultur scheint dieser Verfall von Lustgefühlen begleitet zu sein. Auf dem Alten Markt in Klagenfurt stellten sich heute drei Bläser unter der hohen Mariensäule auf und gaben einen Musikersatz von öder Banalität und quälender Wiederholung primitiver akustischer Signale von sich. Kein Attentat, niemand verjagte sie, keine Äußerungen des Mißfallens, nein: es gab – wenn auch ein wenig ratlosen – Beifall.

Kunst der Großstadt

Weltgeschichte sei Stadtgeschichte, hat Oswald Spengler geschrieben. Und seine Vision vom »Untergang des Abendlandes« entspringt nicht zufällig einer Zeit, da das Phänomen der Großstadt das Bewußtsein der Menschen veränderte.

Wenn Spenglers Wort zutrifft, dann ist Stadtgeschichte auch Kunstgeschichte – und die Beobachtung sowohl der antiken wie der mittelalterlichen oder der Renaissancekunst liefert glänzende Belege für eine solche Behauptung.

Als Spengler seine Feststellung traf und als die moderne Kunst (eine Kunst der großstädtischen Eliten) entstand, lebten zehn Prozent der Menschheit in Großstädten. Am Ende des 19. Jahrhunderts lebte mehr als die Hälfte der Weltbevölkerung in Großstädten – in zivilisatorischen Termitenhügeln von erschreckender Gestaltlosigkeit. Und der »Verlust der Gestalt« – nicht das Fehlen von »Formen« – kann als eines der signifikanten Merkmale der zeitgenössischen Kunst bemerkt werden. Die »Forderung nach Gestalt« wäre die notwendige, aber so schwer zu leistende Antwort auf diesen die Existenz der Menschheit bedrohenden Zustand.

Das Verursacherprinzip der Natur

Den notorischen Pessimismus der Futurologen und Medienapostel hinsichtlich der unausweichlichen Bevölkerungslawine kann ich nicht teilen. Schon nach ein, zwei weiteren Generationen wird sich die malträtierte Natur dieses Erdballs erholen, die »roten Listen« der aussterbenden Tierarten werden verschwinden, und das berüchtigte Ozonloch kann sich langsam wieder schließen. Denn die Seuche Menschheit, die alle Lebensgrundlagen vergiftet, wird durch die List der Natur geheilt. Schneller als vermutet wird die unnatürliche Lebensweise zu einem Rückgang der Fruchtbarkeit und der Immunkraft führen (ob durch Aids oder aus anderer Ursache) und die Population des Homo sapiens dezimieren. Den Rest besorgen die Drogen. Auch in der Natur gilt eine Art »Verursacherprinzip«.

Wozu brauchen wir Kunst?

❦ ❦

Die einzige Schönheit

Die Welt ist voller Schönheit, die uns unbegreiflich bleibt. Wir vergessen oft, daß die einzige Schönheit, die wir erkennen, weil sie sich auf uns hin gebildet hat, für den Mann der Körper und das Antlitz des Weibes, für die Frau der Körper und das Antlitz des Mannes ist. Es ist ein Wunder, daß uns die Schönheit einer Blume berührt, deren Formen und Farben sich gänzlich außerhalb unserer Existenz entwickelt haben und Botschaften aussenden, die uns verborgen bleiben.

Blütenhonig

Der Begriff der Schönheit läuft – nicht nur in der Natur – auf so etwas Nützliches wie Signifikanz hinaus: auf ein Höchstmaß also an bezeichnender Aussage, auf den optimalen Hinweischarakter darauf, welche Art »Honig« aus der ästhetischen Blüte zu saugen ist.

❦ ❦

Schönheit, um zu hoffen

In einer Botschaft an die Künstler hat das Zweite Vatikanische Konzil (1965) festgestellt, es »*braucht unsere Welt Schönheit, um nicht in Hoffnungslosigkeit zu versinken*«.

❦ ❦

Definition der Literatur

Boris Pasternak hat einmal Literatur als die Kunst bezeichnet, »*Außergewöhnliches an gewöhnlichen Menschen zu entdecken und darüber mit gewöhnlichen Worten Außergewöhnliches zu sagen*«.

Übersetzung – Übertragung – Nachdichtung

Wäre die Sprache ein Transportmittel nur rationalen Denkens, müßte sich die Übersetzung in eine andere Sprache makellos vollziehen lassen. Jeder Übersetzer kennt aber den unaufhebbaren Unterschied zwischen zwei sprachlichen Fassungen eines einheitlich gewünschten Inhalts: die Bezeichnung als »Übertragung« darf als Kapitulationseingeständnis angenommen werden. Am hartnäckigsten verteidigt eine Sprache das Hoheitsgebiet ihrer Souveränität innerhalb der Lyrik; das in eine andere Sprache gehobene Gedicht ist ein anderes Gedicht: Ergebnis einer Nachdichtung.

Unwillkürliche Dichtung

Wenn Kant den Traum als »*unwillkürliche Dichtung im gesunden Zustande*« bezeichnet, weist er auf dessen Verwandtschaft mit dem Kunstwerk hin. Sie besteht vor allem in beider Doppelung in Inhalt und Gehalt, in offenkundige Fabel und verborgene Bedeutung.

Gedanke und Gedicht

Die Bevorzugung rationaler Wirklichkeitsdeutung in unserer durch die Aufklärung geprägten Kultur hat zur Folge, daß der Gebildete seine Erfahrungen vor allem in den abstrakteren Gedanken faßt und die dabei erfolgte Reinigung von allen vor- und überrationalen Elementen als einen Akt der mentalen Hygiene versteht.

Ihm wird kaum noch bewußt, daß er dabei wesentliche Teile der Wirklichkeitt ausblendet. Der poetische Kopf versteht es, die logischen Analysen in seiner linken Gehirnhäfte mit den bildhaft-analogischen Spiegelungen der Wirklichkeit, die ihm die rechte Hälfte liefert, zu amalgamieren. In Sprache gesetzt, ergäbe das ein lyrisches Gedicht. Zum Verständnis der Poesie mag eine solche Vermutung nicht viel helfen, vielleicht aber zum Verstehen ihrer Andersartigkeit, ihrer Gleichberechtigung, ja vielleicht ihres überlegenen, weil ganzheitlichen Erkenntniswerts. Erwin Chargaff hat diesen Umstand einmal mit folgenden Sätzen umrissen: »*Man dichtet nicht mit Gedanken. Wenn der Gedanke Dichtung wird, hört er auf rätselhafte Art auf, Gedanke zu sein. Er hat, könnte man sagen, seinen Aggregatzustand geändert.*«

116

Sprachkunst und Schreibsprache

So lange hatte die Sprache Kunstcharakter, als sich in ihren Worten der Wahrnehmende in gleicher Weise wiederfand wie das Wahrgenommene. Ursprünglich voll vitalen Anspielungsreichtums und farbiger Bildhaftigkeit (mit freilich entsprechend mangelnder Präzision) wurde sie im Laufe der Schriftkultur für kognitive Zwecke immer weiter abstrahiert, bis sie im heutigen Seminaristen-Kauderwelsch mit unaussprechlichen Wortkombinationen gezwungen wird, immer weniger, aber das immer genauer auszusagen. Fortschreitende Intellektualisierung hat aus der Sprachkunst ein Wissenswerkzeug der Schreiber gemacht.

Die Schmetterlinge fangen

Ein junger japanischer Maler, so berichet André Malraux in seinem Buch über die Kunst Asiens, habe einmal zu ihm gesagt: »*Die europäische Malerei hat von jeher die Schmetterlinge fangen, die Blumen essen und die Tänzerinnen küssen wollen.*« Das ist die Beschreibung des Realismus aus der Sicht Ostasiens.

117

Einheit aus vielem

Für jedes Kunstwerk, das immer eine Einheit aus vielem darstellt, kann man die Verhältnisse dieser beiden Begriffe auch heute noch nach der Auflistung vornehmen, die Platon im Sophistes (253, d–e) zusammengestellt hat.

Wenn man die vierte von ihm genannte Möglichkeit, bei der das Viele ohne jegliche Einheit nebeneinander besteht, ausschließt, weil sie ja die Grundbedingung eines Kunstwerks, etwas Zusammenhängendes zu sein, unerfüllt läßt, dann verbleiben drei Möglichkeiten, die sich am Beispiel der Haydnschen Musik geradezu in programmatischer Verbindung studieren lassen.

Erstens die penetrative Einheit, bei der Eines durch vieles Unterschiedliche hindurchgeht; sodann zweitens die globale Einheit, bei der vieles durch eines umfaßt wird; und schließlich drittens die konstellative Einheit, die durch die Verknüpfung von vielem zustande kommt.

Diese Verhältnisse zu untersuchen, macht für Platon das »dialektische Geschäft« aus, eine Tätigkeit unseres philosophischen Vermögens. Mit ihrer Anstrengung müßte man sich dem kompositorischen Ingenium Haydns annähern können, und zwar nicht nur durch die analytische Durchdringung der Beziehungen, die das Viele zur Einheit bindet, sondern auch durch Ahnungen der Synthesen, ihrer unausdenkbaren Analogien zu den Erscheinungen und Verhältnissen unserer Lebenswelt.

❦ ❧

Die Metasprache

Es gibt eine Fülle von Gehirnleistungen, die sich »jenseits« der eigentlichen Denkvorgänge vollzieht, deshalb auch in keiner sprachlichen Formulierung Ausdruck finden kann. Durch eine ungewöhnliche Benutzung der sprachlichen Elemente, durch die teilweise Ausschaltung der logischen oder grammatischen Zusammenhänge, durch überraschende Verbindungen von Begriffen oder Bildern kann es dem poetischen Geist gelingen, jenen mentalen Bereichen eine Stimme zu geben.

In den Augen des Teichhuhns

Der vielleicht schönste der »100 Aphorismen« des Franz Marc ist die Vision eines seinem inneren Auge vorschwebenden Bildes. In ihm wird gewissermaßen die bildnerische Methode in eine poetische Metapher gefaßt: *»Ich sah das Bild, das in den Augen des Teichhuhns sich bricht, wenn es untertaucht: die tausend Ringe, die jedes kleine Leben einfassen, das Blau der flüsternden Himmel, das der See trinkt, das verzückte Auftauchen an einem anderen Ort; erkennt, meine Freunde, was Bilder sind: das Auftauchen an einem anderen Ort.«*

Sprache und Wirklichkeit

Die sogenannten »primitiven Sprachen« sind zu einem Zeitpunkt der menschlichen Evolution entstanden, als sich das Sprachzentrum noch nicht einseitig in der linken Gehirnhälfte etabliert hatte, denn sie nehmen die Verbundenheit des bezeichneten Dings mit seinem Zustand, seinem Alter, seinem »Lebenszusammenhang« ganz ernst. Eine dieser Sprachen hat ein eigenes Wort für den Pfeil im Köcher, den Pfeil in der Luft und den Pfeil im Ziel; ein eigenes Wort für »junges Reh« und »altes Reh«, für »mein Arm« und »dein Arm«. Worte wie Kind oder Greis, wie Fohlen, Stute, Hengst oder Wallach sind Überlebende solcher Prägungen noch in unserer heutigen Sprache, die in allen »Hochkulturen« weitgehend analytisch gegliedert ist. Aus dem anschaulich Verschiedenen isoliert sie Gemeinsamkeiten, bildet für sie eigene Worte (»mein« und »Arm«) und setzt die Vorstellung der Wirklichkeit aus ihnen erst wieder zusammen. Die zunehmende Verwissenschaftlichung des menschlichen Geists hat dazu geführt, daß dieses analytische Verfahren immer weiter getrieben wurde und daß damit die linke Hemisphäre für das Sprachvermögen wachsende Bedeutung gewann.

Das Stammeln der Dichter und Seher, das verzweifelte Wortsuchen und Neuschöpfen von unerhörten Wortbildungen der Lyriker zeigt die Schwierigkeiten auf, die beim gestalthaften Erfassen der Wirklichkeit durch die »*anschauende Urteilskraft*« (Thürkauf) zu überwinden sind. Sie lassen aber auch die Hautnähe der Lyrik zur lebendigen Wirklichkeit erkennen.

Der amputierte Gedanke

Aufgeschrieben ist das Gedachte nur noch halb so wahr. Es ist, als ob eine der Dimensionen des Gedankens bei der sprachlichen Formulierung durch Präzision wegamputiert wird. Das soeben mit Vorstellungen, Assoziationen, Anspielungen und Analogien die Wirklichkeit reicher, wahrer spiegelnde, sozusagen »vierdimensionale« Erfassen findet sich in eine »dreidimensionale« Konstruktion geklärt. Und selbst hinsichtlich dieser dreidimensionalen Entsprechung wird man den Verdacht nicht los, daß sie nur deshalb und nur dann zustande kommt, wenn die auf platte Zweidimensionalität ausgerichtete, kausal-zeitlich orientierte Sprache einige poetische Tricks anwendet.

Handwerker Gottes

Der Dichter Ivan Goll hat über den Maler Marc Chagall das Beste gesagt, was man von einem Künstler sagen kann: *»Ein redlicher Handwerker Gottes«.*

Sehen – Denken – Sagen

Die drei unterschiedlichen und doch zusammenhängenden Tätigkeiten bei der »Auslegung von Bildern« hat Goethe in einem Anhang charakterisiert, den er seiner Deutung von Mantegnas »Triumphzug Julius Cäsars« folgen läßt. Indem er sich gegen den Vorwurf wehrt, daß er zuviel hineintrage, in der Deutung also zu weit gehe, schreibt er: »*Ich weiß recht gut zu unterscheiden, was ich sehe, denke und sage; das Sehen ist ein Zusammenfassen unendlicher Mannigfaltigkeit, das Denken ein Versuch des Zerlegens; inwiefern das Sagen aber mit Sehen und Denken zusammentrifft, das hängt vom Glück ab.*«

Mit diesem Glück meint Goethe wohl nicht nur die Gunst der Stunde, sondern eben auch jene Verfügbarkeit von Erfahrungen, die im tätigen Umgang mit Werken der Bildkunst vom empfänglichen Menschen gewonnen werden. Deshalb fügt er hinzu: »*Wie der Künstler die Natur überbieten muß, um nur wie sie zu scheinen, so muß der Betrachtende des Künstlers Intentionen überbieten, um sich ihnen nur einigermaßen anzunähern, denn da der Künstler das Unaussprechliche schon ausgesprochen hat, wie will man ihn denn noch in einer anderen, und zwar in einer Wortsprache aussprechen?*«

❦

Die ideale Literatur

Zur Verschmelzung von Subjekt und Objekt im sprachlichen Kunstwerk äußert sich der argentinische Schriftsteller Julio Cortázar in einer der Erzählungen seines Buches »Unzeiten«: »*Ich kann mich an dieses Gespräch nicht mehr erinnern, wie könnte ich mich auch daran erinnern. Aber so war es, ich höre es, während ich es schreibe, oder ich erfinde es, während ich es nachahme, oder ich ahme es nach, während ich es erfinde. Sich nebenbei fragen, ob nicht ebendas Literatur ist.*« Sie ist das, weil sie Kunst ist. Der autobiographische Anteil an jedem Roman bleibt unverzichtbar. Die ideale Literatur, auch sie, bewegt sich in der Mitte zwischen Ich und Welt.

Der bankrotte Sammler

Nelson Goodman, der nicht nur über Kunst philosophierte, sondern – angeregt von kunsthistorischen Kolloquien des Museumsmannes und Sammlers Paul Joseph Sachs – sich zu dem Leichtsinn verführen ließ, selbst Kunst zu sammeln, nannte freimütig auch den Preis, den er dafür zu zahlen hatte. »*Seitdem bin ich ständig bankrott*«, erklärte er in einem Interview.

Die Totfarbe

Die Loslösung der Malerei von der Farbigkeit, eine Abstraktionsform, die man in der abendländischen Malkunst zur Distanzierung von Bildern für Begleitszenen auf Rahmen, Sockeln oder Rückseiten benutzt hatte, machte sich wohl als erster Andrea Mantegna als eigensinniges Kunstmittel zur Darstellung von Historienbildern, biblischen und antiken Themen dienstbar. Diese Aufwertung der Grisaille, die man in Deutschland dann »Totfarbe« oder »Steinfarbe« nannte, brachte – wie schon dieser Ausdruck verrät – die Malerei in eine enge Verbindung zur Plastik und erschloß ihr selbständige, den Mangel an Farbe positiv nutzende Darstellungswerte. Der Kunsthistoriker Martin Warnke schreibt von der Londoner Gedächtnisausstellung für Mantegna, sie mache deutlich, »*daß mit der monochromen Technik die Malerei sich nicht nur mit der Skulptur messen, sondern daß die künstlerische Form ihren Gegenständen ganz eigene Aussagemöglichkeiten vermitteln kann*«. Es ist, meine ich, vor allem die Entrückung der Gegenstände aus der buntvergänglichen Lebenswelt und ihre Verwandlung zu statuarischer Zeitlosigkeit auf der einen, ihre Annäherung an die Existenzform der farblosen Traumwelt auf der anderen Seite, die diese Möglichkeiten beschreiben.

Natur übersetzen

Selbst der erlebnisärmste Maler kann – auch wenn er es wollte und sich damit begnügte – die Natur nicht abklatschen, es sei denn bei der Abnahme einer Gesichtsmaske vom Lebenden oder Toten. Aber solche Masken werden, obgleich man mit ihrer Herstellung meist die mit dem Material vertrauten Künstler zu beauftragen pflegt, eben gerade nicht als Produkte der Bildhauerkunst anerkannt. *»Der Künstler«*, schrieb schon 1884 der Psychologe Hermann von Helmholtz, *»kann die Natur nicht abschreiben, er muß sie übersetzen.«*

Mangel an Todesfällen

Lord Carrington, Chef des Londoner Kunsthauses Christie's, entschuldigte sich auf die Vorhaltung, das Auktionsgut des letzten Halbjahres lasse an Fülle und Qualität zu wünschen übrig, mit der nüchternen Erklärung: *»Es fehlt an Todesfällen.«*

Der Verismus des Velasquez

»Tropo vero«, soll Papst Innozenz X angesichts des Porträts gesagt haben, das Velasquez von ihm gemalt hatte. Wenn man das mit »allzu wahr« übersetzt, kommt der Tadel nicht genug zum Ausdruck, den die Worte enthalten sollten. »Zu veristisch« könnte es heißen, wenn man die Stilbezeichnung in Anspruch nehmen darf, die sich aus demselben Wort herleitet. Hätte ein Kunstkenner sein Urteil so formuliert, müßte es mit »zu naturalistisch« übertragen werden und wäre eine Infragestellung des Kunstwerks. Angesichts der Meisterschaft des Velasquez, der den Gegenstand mit souveräner Gestaltung erfaßt, kann der Ausspruch nur so angemessen verdeutscht werden: zu wahrhaftig, zu realistisch, zu wenig dem konventionellen Ideal geschmeichelt.

❧ ❧

Veranschaulichte Lebenskraft

In den Radierungen von Carl Wilhelm Kolbe (1757–1835), der als Lehrer an der Dessauer Hauptschule starken Einfluß auf die künstlerische Entwicklung der Brüder Olivier genommen hat, äußert sich eine ganz eigenwillige Begabung. Wie Koch, dessen Generation er angehört, auf dem Gebiet der Landschaft, so hat er auf dem der Naturdarstellung en detail – mit Bäumen, Blattpflanzen, Schilfstreifen, in die er sozusagen notgedrungen kleine Staffagefiguren einbezieht – einen zeitlosen Rang erreicht. Nicht die handwerkliche Meisterschaft allein begründet die Qualität dieser Blätter; ihre über das Illustrativ-Gegenständliche weit hinausreichende Bedeutung liegt in der anschaulichen Vergegenwärtigung einer in den ebenso genau wie phantasievoll beobachteten Pflanzen sich rührenden, wuchernden Lebenskraft.

Mit seiner Darstellung einer alten Eiche, aus deren knorriger Rinde den Betrachter allenthalben geheimnisvolle Käuzchen anblicken, schlägt der Künstler ein romantisches Thema an, das nicht literarische Anregungen verarbeitet, sondern ganz aus der bildnerischen Arbeit entwickelt ist. Hier wird Max Ernst vorweggenommen und übertroffen.

Die Lehre des Zeus

Jedes Kunstwerk vermag etwas von der geheimnisvollen Wirkung auszuüben, die in der antiken Überlieferung dem von Phidias geschaffenen olympischen Götterbild des Zeus zugeschrieben wurde: daß nämlich, wer es gesehen hat, nie mehr ganz unglücklich werden könne.

Die Sonne Homers

Bei der Interpretation des Triptychons »Die Sonne Homers« für das Buch über den Maler Franz Frank hatte ich die ungewöhnliche Lichtbehandlung in diesem Gemälde zu werten. Gegen jede Naturbeobachtung hat Frank die Gestalten der griechischen Götter, die er gegen die Sonne sieht, so gemalt, als erhielten sie Licht vom Standpunkt des Malers aus. Auf diese Weise gewinnen sie etwas Überirdisches, wie von innen Strahlendes; die Körperlichkeit der Götter erscheint in einem verklärten Zustand.

Nun lese ich bei Goethe eine Stelle, die sich genau mit diesem Kunstgriff befaßt und die einen idealen Ausgangspunkt abgeben könnte für eine Unterscheidung von realistischer und naturalistischer Kunst. Einem Brief an Zelter vom 9. November 1830 hat Goethe die ausführliche Schilderung des Gemäldes »Cephalus und Prokris« des Raffael-Schülers Giulio Romano beigefügt. Darin heißt es nach eingehender Beschreibung der dargestellten Personen: »*Uns aber darf es bei aufmerksamer Betrachtung nicht irren, daß die Sonne gerade im Hintergrund aufgeht und das ganze oben beschriebene Personal wie von Mittag her beleuchtet ist. Ohne diese Fiktion wäre das Bild nicht, was es ist, und wir müssen eine hohe Kunst verehren, die sich gegen alle Wirklichkeit ihrer angestammten Rechte zu bedienen weiß.*«

Regelkreis des Kunstbetriebs

Den Erfolg der ungegenständlichen Kunst erklärt der Verhaltensforscher Rupert Riedl mit der Ausschaltung des ehemals natürlichen Regelkreises zwischen Auftraggeber, Künstler und Betrachter als eine Folge der sozialen Umwälzungen in der Moderne. Die Ausbildung von Kunstmärkten und wissenschaftlichen Institutionen in Verbindung mit der Intellektualisierung habe einen neuen Regelkreis entstehen lassen »*zwischen Künstlern, Medien, Kritikern und Galeristen*«.

Dabei bleibt der deformierende Einfluß des Ausstellungsbetriebs und der Museen noch unberücksicht, obwohl deren korrumpierende Wirkung einen Hauptfaktor innerhalb des neuen Wirkungszusammenhangs abgeben dürfte. Diese Wirkung beruht auf der verhängnisvollen Verbindung von mangelnder Kompetenz (in der Beurteilung dessen, was Kunst ist) und höchster Zuständigkeitsanmaßung. Denn diese Einrichtungen besitzen in Deutschland mehr als in anderen Ländern die Würde staatlicher Institutionen und üben ihre Macht mit der ganzen Arroganz eines akademischen Behördenapparats aus.

Form und Naturfülle

Der Ägyptologe Walther Wolf wagt in seinem Buch »Die Kunst Ägyptens« eine allgemeine Definition des Kunstwerks: »*Alle künstlerischen Probleme, als deren Lösungen wir die Kunstwerke anzusehen haben*«, schreibt er, »*wurzeln in dem Urproblem ›Form und Naturfülle‹. Denn jedes Kunstwerk hat letzten Endes die Aufgabe, die sinnliche Erscheinungswelt neu zu gestalten. Es kann sie nur lösen, indem es einerseits die ›Fülle‹ der sinnlichen Erscheinungen verarbeitet, andererseits diese Fülle in eine Form bändigt. Demnach ist das Kunstwerk ein Ausgleich zwischen den polaren Gegensätzen ›Form‹ und ›Naturfülle‹ ...*«

Man kann nicht sagen, daß diese Feststellung falsch ist, man muß sich aber eingestehen, daß sie fast nichts erklärt und das eigentliche Mysterium des Kunstwerks nicht berührt. Dessen Verbindung von Welthaltigkeit und Abstraktion läßt sich mit den verschiedensten Begriffspaaren bezeichnen.

❧ ☙

Die ideale Interpretation

Man könnte sich als Ideal der Interpretation eines Kunstwerks vorstellen, daß sie die Reproduktion des Schaffensvorgangs zum Beispiel eines Gemäldes leistete.

Dann spräche sie auch im Hinblick auf alle Formen, die ja nichts anderes als Bewegungen auf die Sinngestalt hin sind, nur vom Kunstwerk und nicht vom ästhetischen Objekt, das das Kunstwerk ja auch ist. Sie ließe uns das Kunstwerk nicht aus dem Blickwinkel des Betrachters, sondern aus dem seines Schöpfers ansehen. Interpretieren hieße dann nichts anderes, als das lebendige Kunstwerk aus dem Grab des ästhetischen Objekts herauszuholen.

Restaurierung

An den normal alternden Gemälden leistet die Restaurierkunst eine Hilfe analog der Gerontologie am alternden Menschen. Das durch Krankheit oder Verletzung geschädigte Bild behandelt der Restaurator wie der Arzt einen leidenden Menschen: unter Beachtung strenger Regeln des Berufsethos – als ein einmaliges Individuum, dessen Verlust durch kein anderes Individuum ersetzt werden kann. Berühmte Kranke unter den Bildern haben ihre Anamnese, ihre Leiden werden von immer neuen Experten immer wieder anders diagnostiziert, von immer anderen Ärzten oder auch von Kurpfuschern einer veränderten Therapie unterworfen.

Rokoko und der Geist der abstrakten Kunst

Etwas vom Geist der abstrakten Kunst meldet sich im Rokoko an. Die Schwärmerei dieser Epoche für Chinoiserien wird jedem Besucher unserer Schlösser mit ihren »chinesischen Kabinetten« und ihren kostbaren Porzellansammlungen in Erinnerung gebracht. Woran er sich aber vielleicht nicht erinnert, ist die Tatsache, daß sich mit ihren naturhaft asymmetrischen Formen auch ihre Stilbezeichnung von »rocaille« herleitet, womit jene bizarren Felsformen des »Grotten- und Muschelwerks« gemeint sind, die seit Jahrhunderten in keinem gepflegten chinesischen Garten fehlen. Dort werden diese von der Natur kunstvoll ausgewaschenen Kalkfelsen oft auf einen Sockel gestellt, also zum Kunstwerk erhoben: die ersten »objets trouvés«, die ältesten »ready mades«, die frühesten abstrakten Plastiken der Welt. Das schöpferische Ingenium der sie aufstellenden Menschen beschränkt sich auf die Kriterien der Auswahl, unter denen die Durchlässigkeit für Wasser und Licht zwei der wichtigsten waren. Wie schwer es der Natur gemacht wurde, den strengen Anforderungen zu entsprechen, geht aus Berichten hervor, die uns melden, wie lange gesucht und über wie weite Entfernungen so aufgespürte Steinbildungen dann zu ihren Standorten transportiert worden sind.

Ist Musik eine Sprache?

❧ ☙

Angelegenheit auf Tod und Leben

Das Unverständnis, mit dem das 19. Jahrhundert der
außerordentlichen Größe der Haydnschen Musik gegenüberstand, könnte geradezu an diesem Exempel eine
Untersuchung über die Bedingungen herausfordern,
unter denen Ruhm entsteht und vergeht. Aus der Reihe
der mehr oder weniger abschätzigen Urteile ragt indes
der erstaunliche Satz des Johannes Brahms um so auffallender heraus, als er die existentielle Grundlage von
Haydns Tonkunst betrifft: »*Eine Sinfonie ist seit Haydn
kein bloßer Spaß mehr*«, erkannte Brahms, »*sondern eine
Angelegenheit auf Tod und Leben.*«

Haydns Geheimnis

Beim erneuten Lesen von Pierre Barbauds gehaltvoller Haydn-Monographie stoße ich auf die bekannte Stelle aus Stendhals Briefen, in der es heißt: »*Von Haydn ... wissen alle, die ihn gekannt haben, daß er ein Geheimnis besaß, das er niemals preisgeben wollte*«. Es soll sich dabei um Kunstregeln gehandelt haben, wie man sie auch den antiken Bildhauern als »Kanon« zugeschrieben hat.

Barbaud deutet in diesem Zusammenhang auf das monothematische Arbeitsprinzip hin, auf das sich Haydn immer deutlicher zubewegte. Haydn hätte sein Geheimnis nicht so eifersüchtig zu hüten brauchen, wenn er nicht überzeugt gewesen wäre, daß es sich außer in seiner Kunst noch in keiner anderen vorfinde. So müßte man diesem Geheimnis näherkommen, wenn man seine Musik auf die nur ihr eigentümlichen Wesenszüge prüft – und dabei natürlich vor allem jene Kompositionen, in denen er am wenigsten Rücksicht auf den Geschmack eines breiteren Publikums zu nehmen brauchte – also seine Streichquartette.

Es steht wohl fest, daß Haydn nicht ein neues Kompositionsschema erfand, er beherrschte die fugierte Schreibweise so sicher wie die mannigfachen Mittel des »theatralischen« Kompositionsstils; es muß sich um ein Prinzip gehandelt haben, das deshalb schwer zu »entschlüsseln« war, weil es zu einfach schien, als daß man es als eine Besonderheit hätte entdecken können. Man hat, um die Eigenart von Haydns Schreibweise etwa von den »Preußischen« Streichquartetten op. 50 an zu charakterisieren, den Ausdruck der »durchbrochenen Arbeit« geprägt und damit eine Eigenheit erkannt, die möglicherweise im Zusammenhang mit dem verheimlichten Prinzip steht. Bemerken läßt sich ein Verfahren, das zunächst nur sehr allgemein als die Verwirklichung des Entwicklungsgedankens in einem ganz radikalen, geradezu evolutionären Sinne beschrieben werden könnte. Es handelt sich dabei um ein strukturelles Prinzip, um ein Gliederungselement, das sich zwischen der einzelnen Note und der Notenreihe einer Melodie abspielt. Aus einem musikalischen »Molekül«, einer elementaren Gruppe von Tönen, die ich hier einmal als »Keim« bezeichnen möchte, entwickelt Haydn nun nicht nur die eine kurze Melodie, sondern auch deren Gegenspieler, das Zweitthema, so daß die beiden als Geschwister zur Welt kommen.

Dieser Keim entfaltet nun seine Wirksamkeit nicht nur über eine bemessene Passage, sondern durch den ganzen Satz, ja er greift hinüber in die weiteren Sätze des ganzen musikalischen Werks und erscheint als inhärente Konstante in allen Variationen.

Von einem pedantischen Geist erfunden und praktiziert, hätte diese Methode zu höchst langweiligen Musikstücken führen können, bei einem Genie der Erfindung und des Witzes, der kulturellen Vielgründigkeit und des Gefühlsreichtums wie Haydn wurde sie zur Grundlage jener unbegreiflichen Geschlossenheit und beglückenden Einheit, die man beim Hören seiner Musik empfindet.

❧ ☙

Mitteilung

Man kann Musik als eine menschliche Mitteilung im Medium rhythmisch geordneter Töne definieren, wobei Mitteilung – wie bei der Sprache – alle drei Kategorien von Ausdruck, Appell und Darstellung umfaßt – und als Ton jede wahrnehmbare Klangqualität zu verstehen ist.

❦ ❦

Die Logik des Analogischen

Daß die Musikwahrnehmung und das Verständnis musikalischer Formen eine Funktion vor allem des rechtshemisphärischen Großhirns darstellt, wird aus dem Wesen der Musik erklärlich. Sie ist zunächst nichts anderes als eine Gestalt aus Tönen. Gestaltwahrnehmung gehört zu den zentralen Aufgaben der rechten Hälfte. Zudem ergeben sich die Gestaltänderungen und -zusammenhänge nicht primär aus logischen, sondern aus Konsequenzen der Analogik, dem ganz und gar rechtshemisphärisch angesiedelten Vermögen. Musik könnte man geradezu die Logik des Analogischen nennen.

Mit solcher Kennzeichnung wäre zugleich die hintergründige und auch hier wohl unerläßliche Mitwirkung der linken, auf logisch-analytisches Erkennen ausgerichteten Gehirnhälfte angesprochen. Für die Definition der Musik als »hoher Kunst« ergäbe sich daraus die Notwendigkeit, in ihrer Struktur die Züge sowohl rational-logischer als auch emotional-analogischer Komposition vereint zu wissen. Eine Musik, die fast ausschließlich in gefühlsbewegenden Klängen und geistig nicht mehr faßbaren Anklängen dahinflösse, erfüllte die Forderung »eigentlicher Kunst« ebensowenig wie eine rein intellektuell komponierte, streng logisch aufgebaute und analytisch auflösbare Tonkonstruktion.

Die notwendige Eigenart des musikalischen Kunstwerks, seine tiefe Wirkung auf die menschliche Psyche, aber gerade auch seine herausragende Bedeutung für die gegenwärtige Kultur können wir in Anbetracht dieser Doppelnatur besser verstehen. Der Mensch ist das schizophrene Lebewesen, weil seine Mentalität durch die Asymmetrie seines Hirns doppelartig geprägt ist. Er ist das Wesen der zweifachen, der zwiefältigen Wahrheit, der mythischen und der wissenschaftlichen, der Religion und der Philosophie. Als diese beiden hervor- und auseinandertraten, mußte der Mensch auch die Kunst erfinden, in der sich die Zweiheit in der Einheit erhalten konnte. Nur so kann man auch das Beethoven-Wort von der Kunst, die höher sei als alle Religion und Philosophie, gelten lassen, indem man ihre Doppelentsprechung zu beiden Werkzeugen unseres Welterfassens würdigt: ihr Vermögen, die beiden uns offenen Wahrheitsaspekte zu einer einzigen symbolischen Wahrheitsform zu verbinden.

Lautenspiel mit Celloklang

Auf dem Gebiet der Musik gibt es ein schönes Beispiel
dafür, wie in einer Übertragung von einem Medium in
ein anderes die neue Gestalt gleichsam transparent bleibt
und diese die ursprüngliche Konzeption hindurchschei-
nen läßt. Um 1720 schrieb Johann Sebastian Bach eine
für das Cello bestimmte Suite für ein Mitglied der Dresd-
ner Hofkapelle zu einer Fassung für die Laute um. Bachs
Meisterschaft sorgte dafür, daß es ein echtes und bewun-
dernswertes Lautenspiel wurde, mit dem ganzen Reichtum
polyphoner Stimmenverbindung. Und dennoch vermag
der Hörer zugleich eine Klanggestalt wahrzunehmen, in
der sich auch – man muß es so sagen – der Geist des Cel-
los meldet. Wir dürfen also vermuten, daß das Stück auf
eine unbeschreibliche Weise reicher geworden ist, als
wenn es unmittelbar für das Zupfinstrument geschrieben
worden wäre.

❧ ☙

Haydns Wende

Die Unabhängigkeit und Größe des Haydnschen Ingeni-
ums wird erst vor dem Hintergrund seiner Zeit faßbar. Er
widerstand der allgemeinen Tendenz der musikalischen
Entwicklung. Die »Avantgarde« bewegte sich auf die Ro-

mantik zu, indem sie die in der Vorklassik erfundenen Sensualisierungen, die Akzentuierungen mit forte und piano, die Dynamisierung der Tempi, die Gefühlsbetonung zur »Ausdruckskunst« steigerten. Die musikalische Kunst im Zeitalter der Oper wurde – wie Pierre Barbaud sagte – »theatralisch«.

Haydn hat die Errungenschaften der vorklassischen Musikschulen nur in jenem Maße aufgenommen, als sie die geistige Konstruktion, das Geschehen der »reinen Musik« nicht in Frage stellten. Ja, es scheint, daß dies die eigentliche Wende zum großen Haydn darstellt (der das eigene Werk des esterhazyschen Kapellmeisters überflügelte), daß er – bestärkt durch die Begegnung mit Bachs Werk – allen Tendenzen zu weiterem »Ausdruck« widerstand und seine Entwicklung nicht in Richtung »Gefühlsausdruck«, sondern auf die Austarierung von »Darstellung« und »Ausdruck«, von reiner Musik und menschlichem Empfinden, weitergetrieben hat. Haydns Kunst bestätigt uns, daß wahres Schöpfertum sich im Widerstand gegen die vordergründigen Tendenzen der Zeit erweist und daß die entscheidenden künstlerischen Leistungen oft gerade im Widerspruch zum Programm der jeweils führenden »Avantgarde« vollbracht werden.

Die romantischen Verzerrungen

Welches Ensemble auch immer Haydns Streichquartette interpretiert, nur selten stellt sich nicht der Wunsch ein, seine Musik von allen »romantischen« Entstellungen zu befreien, mit der man sie so leicht entstellt, weil sie ja alle Elemente der »theatralischen« Ausdruckskunst schon enthält. Aber sie hält sie eingebunden in die kontrapunktische Ordnung der »ars antiqua« – und man nimmt Haydn seine eigentümliche Größe, wenn man das Gleichgewicht durch die Betonung der Ausdrucksperspektive zerstört.

Die Frage nach den Tempi steht dabei ganz vorn. Es gibt ein »inneres Tempo« jedes Satzes, in dem die Schnelligkeit sich genauso symbolisch darstellt wie andere Kategorien des Wirklichen. Es bedarf nicht der faktischen Geschwindigkeit des Spiels – allenfalls einer Andeutung –, um die Beschleunigung zu erleben. Jede virtuose Überziehung der Tempi verstößt gegen den Geist der Haydnschen Musik, in der die gleichzeitige Fülle aller musikalischen Elemente – der Harmonik, des Kontrapunkts, der Rhythmik und so weiter – zu voller Wahrnehmung kommen wollen und nicht zugunsten der Geschwindigkeit vernachlässigt werden dürfen.

Übrigens gibt es auch einen Punkt der akustischen Schnelligkeit, bei dem sich – wie man mit Erstaunen bemerken kann – eine seltsame Umkehr der Wahrnehmung einstellt, nicht anders als bei einem Speichenrad, von dem man beim Überschreiten bestimmter Umdrehungen optisch den Eindruck gewinnt, das Rad drehe sich langsam zurück.

Kunstbeweise

Bei einer Diskussion in Schönbergs Berliner Wohnung 1930, so berichtete H. H. Stuckenschmidt in einem Beitrag zu dessen 100. Geburtstag, sagte ein Teilnehmer über eine strittige Stelle bei Mozart: »*Das kann man beweisen.*« Schönbergs Mund zuckte nervös. »*In der Kunst kann man gar nichts beweisen.*« Pause. »*Und wenn, dann nicht Sie.*« Pause. »*Und wenn Sie, dann nicht mir.*«

Mehr Mahler-Symphonien

Österreichs vielseitigster Schriftsteller, Hans Weigel, ist allemal für ein Bonmot gut. In seinem jüngsten Opus, das sich die Musik vornimmt, steht zu lesen: »*Es gibt mehr als zwanzig Mahler-Symphonien; sie stammen teils von Mahler, teils von Schostakowitsch.*«

Rhythmus des Herzschlags

Am allerletzten ist in der Musik auf den Rhythmus zu verzichten. Wenn er – Analogon unseres Herzschlags – aussetzt, haucht die Musik ihr Leben aus.

Haydn und Cézanne

Was Haydn mit der »Entfaltung« eines ganzen vielgliedrigen Werks aus dem »Keim« einer meist verblüffend einfachen Tonfolge erreichte, ist eine Strukturierung des musikalischen Kunstwerks in der Zeit, entsprechend der formalen Strukturierung des malerischen Kunstwerks auf der farbigen Bildfläche. Indem er dabei Cézannes Forderung an den künstlerischen Schaffensvorgang erfüllt *(»Le tout est de mettre le plus de rapport possible«)*, so viele Beziehungen wie möglich herzustellen, steigert er die Analogität des Kunstwerks zur Wirklichkeit, in der – um es frei nach Leibniz zu sagen – ein jedes Ding mit jedem anderen befreundet ist.

Die »menschliche« Ordnung

Wer Haydn »romantisch« spielt, löscht seine wahre Größe aus. Denn die besteht eben darin, daß das »Menschliche« völlig eingefügt bleibt in die strenge Ordnung der reinen Komposition. Oder um es spiegelbildlich zu sagen: daß das abstrakte Tongefüge die vertrauten Züge des Menschlichen annimmt.

Die zusätzliche Fessel

Mit seinem »Entfaltungsprinzip«, der Entwicklung aller musikalischen Formen einer Komposition aus dem »Keim« einer winzigen Tongruppe, legt Haydn seiner Phantasie – zu allen anderen »Regeln der Kunst« – eine zusätzliche Fessel an. Aber sie ist es paradoxerweise, die ihn zur höchsten Einheit der Komposition befreit. Er stellt seiner Erfindungsgabe eine zusätzliche Hürde auf, erschwert sich die Aufgabe, um sie um so glanzvoller zu lösen.

Eindruck der Notwendigkeit

Haydns Prinzip der »Entfaltung« des ganzen Werks aus einem musikalischen »Keim« nimmt der Erfindung den Anschein der Willkür und pflanzt der Wahrnehmung des Kunstwerks den Eindruck der Notwendigkeit ein.

❧ ❧

Eichenblatt und Lindenblatt

Die charaktervolle Individuaität der Haydn-Kompositionen kann nur mit der Formunterschiedlichkeit natürlicher Gebilde verglichen werden, weil sie sich durchgehend in ihren Einheiten so deutlich voneinander unterscheiden wie zum Beispiel ein Eichenblatt von einem Lindenblatt oder eine Libelle von einer Fledermaus.

Haydns Kompositionen muß also ein ähnlich elementares Formprinzip zugrunde liegen wie der Bildung lebendiger Gestalten. Vermutlich ist es der strukturierende musikalische »Keim«, der diese Analogie hervorruft.

❧ ❧

Die Pole des Kunstwerks

Von allen menschlichen Tätigkeiten scheint keine die Gesamtheit unserer Anlagen so ausgewogen zu beanspruchen wie die Schaffung von Kunstwerken. Weshalb wir uns auch bei ihrer Rezeption in einer umfassenden Weise angesprochen und gefordert fühlen. An der Musik läßt sich diese Besonderheit der Kunst beispielhaft erfahren.

Die beiden Pole des musikalischen Kunstwerks, seine konstruktive Gestalt und seine sinnliche Erscheinung, entsprechen auf vollkommene Weise dem dualistischen Aufbau der menschlichen Geist-Seele, der Gliederung unseres zentralen Nervensystems in die beiden Hemisphären. Die linke Gehirnhälfte vermag die Struktur, die formale Gliederung, die »Mathematik« der reinen Musik zu analysieren, zu »verstehen«; die rechte Hälfte kann die musikalischen Elemente als sinnlich, gefühlskonform, sinngerichtet empfinden. Wie eng diese beiden Vermögensbereiche zusammenwirken, das läßt sich beim Hören von Musik beobachten. Die höchste und angemessene Aufnahme von Musik ist die der absoluten Wachheit, wo wir weder die geistige Struktur in abstrakter Weise noch in bloß sinnlichem Genießen die Gefühlsgehalte der Klänge und Klangfolgen aufnehmen, sondern beide in gegenseitiger Auslöschung und Steigerung.

Ich konnte diesen Balanceakt beziehungsweise sein Scheitern diese Tage beim Suchen in Haydnschen Streichquartetten nach dem jeweiligen »musikalischen Keim« erleben, als ich bei dieser einseitigen analytischen Anstrengung feststellen mußte, daß mir dabei das Ganze der Musik verlorenging.

Schaffen wie die Natur

Alles schöpferische Handeln ist ein Handeln »wie in der Schöpfung«. Haydns Kompositionsgeheimnis erscheint als die intuitiv ergriffene Anwendung eines Wachstumsprinzips der Natur, das uns die Forschungen über die genetische Entwicklung immer mehr enthüllen.

Bei der Erklärung des Begriffs der »Mimesis« schreibt Rudolf Zihlmann: »*Der Künstler wiederholt nicht die Erzeugnisse der Natur, sondern stellt sich in den Strom ihres Hervorbringens: er schafft gleichsam wie die Natur.*« Nicht anders hat Goethe das Schaffensprinzip der Künstler des alten Griechenland verstanden: »*Ich habe eine Vermutung, daß sie nach ebenden Gesetzen verfuhren, nach welchen die Natur verfährt.*«

❧ ☙

Zur Wirkung klassischer Musik

Haydns denkwürdige Gipfelstellung in der Geschichte der europäischen Musik ergibt sich aus seinem kunsthistorischen Ort – zwischen der konstruktiv-abstrakt ausgerichteten Barockmusik und der gefühlsbetont-individuell gefärbten romantischen Musik, wie sie schon mit Beethoven beginnt.

Hinter diesen beiden Kunstepochen verbirgt sich aber

jeweils die Vorherrschaft eines anderen Prinzips, das sich in diesem Fall deutlich als generelle psychische Prägung erkennen läßt. Das Klassische – in Haydns Musik am reinsten und universellsten verkörpert – zeichnet sich durch die gleichgewichtige Einbeziehung der beiden menschlichen Wahrnehmungsweisen aus, der linkshemisphärischen intellektuellen Analytik und der rechtsseitigen, emotional befrachteten Analogik. Die beim Hören dieser Musik feststellbare, unsere Psyche befreiende und befriedigende Wirkung beruht auf dem Versöhnungsakt, durch den unsere Seele ihrer Einheit inne wird. Wie ein Schmetterling im Aufwind wird sie emporgetragen, wenn die Bewegungen der Musik unter beide ihrer Flügel greifen.

Im Tode singe ich süß

Daß erst die Künste der stummen Natur den Mund öffnen, das lehrt uns ein Spruch, den ein alter Geigenbauer in ein Instrument schrieb: »*Dum vixi, tacui; mortua dulce canto*«. Solange ich lebte, schwieg ich: im Tode singe ich süß.«

Haydns Brillantring

König Friedrich Wilhelm II., der Nachfolger Friedrichs des Großen auf dem preußischen Thron, ließ Haydn als Zeichen der Anerkennung für die ihm gewidmeten Streichquartette op. 50 (Die Preußischen Quartette, Hob. III: 44–49) einen kostbaren Brillantring überreichen. Die Tatsache, daß Haydn diesen Ring nicht nur bei besonderen Anlässen, sondern auch zu Hause beim Komponieren getragen haben soll, wird in einem biographischen Bildband mit der Bemerkung kommentiert: »... *wieder ein Anzeichen dafür, daß Haydn nicht gerade uneitel war.*«

Aber diese Wertung geht fehl. Selbst das Tragen dieses Rings bei festlichen Anlässen in der Öffentlichkeit könnte das Adjektiv »eitel« nicht rechtfertigen; denn das offensichtliche Bekenntnis zu einer Auszeichnung für eine wahrhafte Leistung könnte nur mit der Bezeichnung »stolz« charakterisiert werden.

Ganz unangebracht erscheint die Bewertung für das heimliche Anlegen des Rings beim Komponieren. Hier ist das Gegenteil von Eitelkeit, nämlich Demut, im Spiel. In diesem Ring aus königlicher Hand verkörperte sich für den aus bescheidenen Verhältnissen stammenden Künstler, der in Notzeiten und unter Drangsalen an seiner Berufung festgehalten hatte, die Bestätigung seines Erfolgs, die Rechtfertigung schwerer Entbehrungen, das Zeugnis seiner Begabung. Die labile Verfassung eines genialen Geists benötigt derart sichtbare Zeichen, um mit ihrem stillen Zuspruch sicherer, selbstgewisser, unangefochte-

ner immer wieder aus dem banalen Alltag in den Raum
schöpferischer Freiheit einzudringen. Der Ring, ein ma-
gischer Gegenstand seit Urzeiten, verhalf dem einsamen
Künstler, dem einstigen »Capellmeister und Hofcompo-
siteur« und livrierten Lakaien des Fürsten, mit einem
Male vor Gott und sich selbst der zu sein, als der er vom
preußischen König angesehen wurde: der überragende
Tondichter, Schöpfer der berühmten Quartette und Sym-
phonien – eben Joseph Haydn.

Durchdringung der Regelsysteme

Jede Generation muß die Welt neu entdecken, wenn sie
es auch unter Verwendung der Entdeckungen aller Generationen vor ihr machen kann. Was die Postmoderne als
»Erfahrungsraum der Mehrfachkodierung« bezeichnet,
findet sich seit eh und je im Kunstwerk, je höher es angesiedelt ist, um so reicher verwirklicht. Welschs Satz, mit
dem er diese Erscheinung erläutert, klingt wie ein analy-
tisches Resümee eines Haydnschen Streichquartetts: *»Die
Kombination, Verkreuzung, Durchdringung verschiedener
Regelsysteme setzt zwei komplementäre Erfahrungen frei:
im Detail die von Deckungsmöglichkeiten des Heterogenen,
im Ganzen die der Unfaßlichkeit.«*

Neigung zum Streichquartett

Es muß sehr starke und tiefliegende Gründe für Haydns Neigung zum Streichquartett gegeben haben, denn der auf sehr vielen Instrumenten sattelfeste Musiker und die Klangfarben der Instrumente so wirkungsvoll einsetzende Komponist (zum Beispiel der »Schöpfung«) muß sich in der geistreichen Unterhaltung von vier Streichern solcher sinnlichen Effekte weitgehend entschlagen. Ein Hinweis darauf, daß es gerade das konstruktive musikalische Prinzip ist, das Haydn suchte und in den homogenen Stimmen des Streichquartetts am reinsten verkörpert fand.

❦ ❧

Das inkommensurable Streichquartett

Sieht man von genialen Ausnahmebegabungen ab, kann man wohl feststellen, daß der Wahrnehmungsapparat des durchschnittlichen Musikhörers nicht mehr als drei Tonfolgen gleichzeitig formal verarbeiten, also in ihrer Eigenständigkeit und Beziehungsfülle werten kann. Diese Beschränkung macht den Vorzug des musikalischen Quartetts aus, das mit einem Minimum von Redundanz ein Maximum an Wirkung erreicht. Denn durch nur eine einzige, seine vierte Stimme gewinnt diese Musikgattung die Dimension der »Inkommensurabilität«.

Schon der französische Schriftsteller Destutt de Tracy (1754–1836) hat behauptet, »*daß nur sechs Objekte zu ein und demselben Zeitpunkt aufgefaßt werden können*«. Neuere Forschungen haben diese These grundsätzlich bestätigt, und G. A. Miller hat ausgeführt, daß man in der Tat davon ausgehen kann, daß nur etwa »sieben plus oder minus zwei« unterschiedliche Wahrnehmungsinhalte – je nach individuellem Fassungsvermögen – bewußt werden können.

Ich werde nicht sterben

In der Bergkirche zu Eisenstadt befindet sich seit 1932 der Sarkophag Joseph Haydns. Seine Gebeine ruhen erst seit 1954 darin, als es gelang, auch seinen Schädel, der auf obskure Weise verschwunden war, dort beizusetzen. Vor diesem Mausoleum steht das schlichte Grabmal, das Fürst Nikolaus II. 1820 zur Ehre des langjährigen Hofkapellmeisters der Esterhazy hatte errichten lassen. Über einer halbverschleierten Lyra ist das Bekenntnis aus dem 117. Psalm zu lesen: »*Non moriar sed vivam et narrabo opera Domini.*« Hier klingt etwas vom Stolz des Künstlerschicksals auf, das in der demütigen Erfüllung seiner Aufgabe begründet ist: »*Ich werde nicht sterben, sondern leben und die Werke des Herrn verkünden.*«

Haydns Bildnisse

Von Haydn gibt es – infolge seiner Berühmtheit schon zu Lebzeiten – mehr authentische Porträts als von den meisten anderen Komponisten der vorfotografischen Zeit. Beim Aufenthalt in Eisenstadt, wo sein Wohnhaus zu einem Museum eingerichtet wurde, und in seinem Geburtsort Rohrau mit dem harrachischen Schloß gewinnt man vor zahlreichen Konterfeis den Eindruck, daß sich die Erscheinung dieses Mannes auf eine hartnäckige Weise der Darstellung verweigerte. Was ist der Grund? Die geerbten genialen Züge in diesem Antlitz sind von den durch Unfall und Krankheit »erworbenen« Entstellungen weitgehend überlagert worden. Das Leuchten des lebendigen Auges vermag weder die Malerei noch ein plastisches Bildwerk hinreichend wiederzugeben; die kühne Nase zeigt Spuren einer Zertrümmerung des Nasenbeins durch einen Unfall, die Pockenkrankheit hat tiefe Narben in seinem Gesicht hinterlassen.

Die meisten Versuche, daraus ein angemessenes Bildnis zu formen, mußten scheitern. Von der inneren Größe dieses Mannes, die sich in der von Elsler abgenommenen Totenmaske ergreifend äußert, geben eigentlich nur zwei Porträts eine gewisse Vorstellung: der Stich nach einer Zeichnung von George Dance, 1794 in London angefertigt, und die Büste des Wiener Bildhauers Anton Grassi. Deren Trefflichkeit wird durch die Tatsache bestätigt, daß Haydn selber von ihr einen Bleiabguß bewahrte, den er testamentarisch den Grafen Harrach vermacht hat. In deren Rohrauer Schloß ist sie heute innherhalb der kostbaren Gemäldegalerie zu sehen.

Schöpferkraft

Dem Prinzp des kleinen musikalischen Bausteins, der »Zelle« des musikalischen Organismus, ist sicherlich ein wichtiges Element von Haydns Kompositionen gewonnen, aber kein Zauberstab für die Herstellung gleichrangiger Musik.

Je kleiner das künstlerische Element, um so größer die gestalterische Freiheit, um so höher der Anspruch an das kompositorische Ingenium und den Einfallsreichtum – also an die eigentliche Schöpferkraft.

Es spricht für Haydns Bescheidenheit und seine naive Haltung, daß er das »Rezept« seiner Kompositionsweise als Geheimnis hütete, damit ihm kein anderer den Rang seiner Musik ablaufen konnte. Aber seine wahre Größe beruhte in der Schöpferkraft, mit der er aus den musikalischen »Zellen« einen lebenden, pulsierenden Organismus schaffen konnte – ein Ebenbild des Schöpfers in doppeltem Sinne: mit der Seele Haydns begabt, mit einer Menschenseele, die die Welt als Gottes Schöpfung zu erkennen vermag.

Lässt sich die
Vergangenheit bewältigen?

❧ ☙

Anfang der Politik

Es gibt nicht wenige Tiere, die sich den Vorteil der Gruppenjagd zu eigen machen. Aber unter den Primaten scheint der primitive Mensch als einziger seine Beute im Verbund mit Artgenossen geschlagen zu haben. Der Biologe Wolfgang Wieser vermutet, daß *»diese soziale Erfindung überhaupt am Anfang der Entwicklung zum Zoon politikon gestanden haben mag«.*

Machen von Geschichte

Auch die wissenschaftlich begründete Historie kann als ein verfeinerter Mythos verstanden werden. Ferdinand Fellmann verweist auf die Geschichtsphilosophie Vicos, indem er festhält: *»Machen von Geschichte heißt Erzeugen von Mythen, an denen das menschliche Verhalten Halt findet. Die Zerstörung der Mythen eröffnet immer nur den Ausblick auf neue Mythen.«* Und er leitet davon seine Feststellung ab: *»Machen von Geschichte erweist sich immer mehr als Erzeugen von Bildern, in denen der Mensch sich selber begegnet.«*

❧ ☙

Dreimal eine andere Wahrheit

Erinnern ist ein jeweils neuer schöpferischer Vorgang, bei dem Eindrücke aller Sinnesorgane verarbeitet werden. Wir erinnern uns nicht zweimal in derselben Weise. Zwischen beiden schöpferischen Prozessen hat unser Gehirn weitergearbeitet, unser Weltbild hat sich gewandelt, der Blickwinkel auf dieselben »historischen Fakten« hat sich geweitet, verengt, ist ein anderer geworden. Ein Zeitzeuge, der dreimal in einem gehörigen Abstand vernommen wird, sagt dreimal etwas anderes aus: dreimal eine andere Wahrheit.

Wahrheit schaffen

Alle, die heute auf der verzweifelten Suche nach der Wahrheit sind, werden morgen das Heer der Enttäuschten, der Frustrierten, vielleicht der Gewalttätigen bilden. Denn die Wahrheit kann nicht gefunden, sie muß geschaffen werden. Spätestens seit Nietzsche sollte sich das herumgesprochen haben.

Poesie und Geschichte

Vor der Geschichte gab es die Geschichten. Die Historie entstand aus der Poesie. Die früheste Dichtung wurde gesungen oder rezitiert, von Musikinstrumenten begleitet. So wissen wir aus den homerischen Gesängen von den Ereignissen des Trojanischen Kriegs. Von der Zerstörung von Ur im 21. vorchristlichen Jahrhundert kündet ein Trauergesang, der sich an die Göttin Ningal wendete. Noch heute haben die Werke selbst der nüchternsten Geschichtswissenschaft einen Kern poetischer Phantasie, dessen Entfernung zum Verlust ihres Wirklichkeitsbezugs führen müßte.

Huldigung der Heiligen Allianz

Einen bemerkenswerten Vorläufer der politischen Alle-
gorien unseres Jahrhunderts lieferte Heinrich Olivier mit
seinem Deckfarbenblatt »Die Heilige Allianz« von 1815.
Vor einem neugotischen Kirchenchor von kunstvoll kon-
struierter Perspektive stehen – in Eintracht sich die
Hände reichend – die Herrscher Preußens, Österreichs
und Rußlands in mittelalterlichen Ritterrüstungen. Dieser Dreibund schien – nach den Napoleonischen Kriegen –
allein imstande, eine zweite Gefahr aus Frankreich zu
bannen. Zugleich aber – und das ist für die deutschnatio-
nale Bewegung des Befreiungskriegs gegen Napoleon eine
tragische Situation – ist er es, der die nationale Einigung
verhindert und die feudale Ordnung restauriert. Es gibt
wohl deshalb keine weitere gemalte Huldigung der »Heiligen Allianz«.

❧ ❧

Rückwirkende Prophezeiung

Nach Marx lassen sich geschichtliche Entwicklungen erst
vom »*Ort ihrer höchsten Entfaltung*« verstehen. Diese Beobachtung schließt die Voraussicht historischer Ereignisse aus, denn es lassen sich in einer vielschichtigen Situation – in der sich mehrere Typen des Weltverständnisses

durchdringen und einander zu verdrängen suchen – keine sicheren Anzeichen dafür gewinnen, welche Kräfte weiterhin zunehmen oder abnehmen. Die Überlegenheit eines Typus wird uns eben erst in seiner »höchsten Entfaltung« bewußt. Erst von diesem Ort aus lassen sich dann rückwirkend auch die Wendepunkte markieren und die Vorzeichen festlegen.

Die tschechoslowakische Nation

Der in Mährisch-Schönberg als Deutscher geborene Berufsoffizier der tschechoslowakischen Armee und spätere Offizier in den Streitkräften de Gaulles, Ferdinand Otto Miksche, schließlich Professor der Generalstabsschule der portugiesischen Armee, schreibt über den Vertrag von Versailles: »*Ein Zauberstück der Friedensverbrecher war die Gründung der Tschechoslowakei, die sich nach ihrer Verfassung von 1920 als Staat der ›tschechoslowakischen Nation‹ verstand, eines Volkes, das es nie vorher in der Geschichte gab.*« Und er erinnert an den denkwürdigen Satz, mit dem Chamberlain das Münchner Abkommen von 1938 gerechtfertigt hat: »*England cannot make a war, because four million Germans do not want to remain Czechs.*«

Hitlers Sendungsbewußtsein

Die Frage, wie es möglich war, daß ein offenbar nur durchschnittlich begabter Junge mit Namen Adolf Hitler aus ganz bescheidenen Verhältnissen zum Führer eines Staates emporsteigt, den er zum mächtigsten Europas macht, stellt auch an die Vorstellungskraft der Zeitgenossen die äußersten Ansprüche. Kann selbst ein höchstes Maß von Energie und Durchhaltekraft in der Lage sein, all jene Widerstände, Irrungen und Niederlagen zu bewältigen, die ihm entgegenstanden?

Was kann die Unbeirrbarkeit erklären, mit der dieser Mann eine politische Lawine lostrat, gegen die sich alle Schutzmaßnahmen in Staat, Schule, Kirche, Militär als zu schwach erwiesen?

Die Zugkraft von Hitlers weltanschaulichem Programm – alldeutscher Nationalismus, Antisemitismus und sozialistischer Antimarxismus – reicht wohl als Erklärung nicht aus, obgleich es die stärksten Zeitströmungen zusammenbündelte. Die Ausstrahlung muß aus dem Kern der Persönlichkeit gewirkt haben, um in einem psychologischen »Schneeballsystem« sich zu vervielfachen und die Massen zu erobern. Eine Erklärungshilfe bietet der Bericht eines Jugendfreunds aus der Linzer Zeit namens August Kubiczek über die sogenannte »Lotterieepisode«. »*In Erwartung des Hauptgewinns*«, schreibt dieser von Hitler, »*gaukelte er sich ein großbürgerliches Herrschaftsleben vor, mit genau ausgeführten Einzelheiten bis zu den Dekorationsmustern. Als der Tag der Ziehung die Illusionen jäh zerstörte, kehrte der Enttäuschte in einem Anfall*

*schäumender Erregung in die Wirklichkeit zurück, ohne noch
ein ferneres Wort über das entgangene Glück zu verlieren.«*

Eine anormale Kraft der Imagination wird hier offen-
kundig, ein Vermögen, die Einbildung so zu steigern, daß
sie von der Realität kaum noch zu unterscheiden ist. Die
Kraft seiner Visionen sollte ja auch künftig ein Ausmaß
erreichen, das alle Widerstände der Realität überwältigen
konnte. Freilich bedarf es, um eine solche Imagination
über Erwartungsbrüche und Fehlschläge hinauszutragen,
wohl einer ganz konkret-subjektiven Verankerung in
einem »Erweckungserlebnis«, durch das sich die Person
als »erwählt« und einer großen Aufgabe verpflichtet empfindet. Dies geschah im Falle Hitlers – wie wir aus seiner
Autobiographie ja wissen – im Lazarett von Pasewalk, wo
der zeitweise erblindete Frontkämpfer vom Zusammenbruch des Reichs, von der Sinnentwertung aller Opfer
des grausigen Kriegs so erschüttert wurde, daß er – seit
dem Tod der Mutter zum ersten Male wieder – wie ein
Schloßhund heulte. Aus dieser Erschütterung, die alle Fasern der Seele erfaßte, erwuchs ein messianisches Bewußtsein, das von noch so hinderlichen Realitäten nicht
beschädigt werden konnte und das später auch als seeli-
sches Widerlager für die propagandistische Vergötterung
diente. Das »Erweckungserlebnis« – wie wir es ja bei vielen Gestalten mentaler Welteroberung als Voraussetzung
ihres selbst das Märtyrertum einschließenden Wirkens
kennen – darf als der bestimmende Wendepunkt in Hitlers Leben gelten, als Grund seines Sendungsbewußtseins,
seiner missionarischen Zuversicht und seines immer wieder betonten Vertrauens an die »Vorsehung«.

Das Ende der Endzeit

Eine »nationalsozialistische Weltanschauung« hat es vermutlich nie gegeben. Weder Hitlers »Mein Kampf« noch Rosenbergs »Mythos des 20. Jahrhunderts« erfüllen die Bedingungen eines entsprechenden Lehrbuchs. Jost Hermands Untersuchung von »Völkischen Utopien und Nationalsozialismus« unter dem Titel »Der alte Traum vom neuen Reich« vergegenwärtigt, daß sich eine ganze Reihe von nationalen Visionen zum ideologischen Konglomerat des Nationalsozialismus vermengt haben, läßt aber den wichtigen Anteil an Sozialismus unberücksichtigt, der aus den Lehren von Marx und der Praktik des Kommunismus übernommen worden ist. Nicht zuletzt ist die gemeinsame Überzeugung der rivalisierenden Ideologien vom Endzeitcharakter der Gegenwart gerade für das Dritte Reich von herausragender Bedeutung geworden. Eine eschatologische Erwartungshaltung wetterleuchtete in vielen Publikationen seit der Jahrhundertwende, sie erscheint in der Literatur, erfüllt die moderne Kunst und geistert in völkischen Visionen. Aus manchen Zeitzeugnissen spricht die Hoffnung auf einen »Erlöser«, die Sehnsucht nach einem »Messias«. Ohne die Suggestivkraft der über das banal Politische hinausgehenden Utopie der »Bewegung« – eben nicht nur einer »Partei« – ist der Erfolg der Nationalsozialisten nicht zu erklären. Buchtitel wie »Deutschlands Auferstehung« oder »Der Erlöser-Kaiser« und schließlich der Begriff des »Dritten, des Tausendjährigen Reiches« sprechen diese endzeitlich tönende Sprache. Der Kommunismus wie der Nationalsozialismus verkündeten das bevorstehende Ende der Geschichte. Heute kündet die weiterlebende Geschichte vom Ende der beiden Endzeitideologien.

Weimarer Republik

Die Tragödie der Weimarer Republick hat Peter Gay auf die knappste Formel gebracht: »*Die Republik wurde in der Niederlage geboren, lebte in Aufruhr und starb in der Katastrophe.*«

Realismus – Utopie

Realismus ist Ausdruck der Daseinsbejahung, Annahme der Schöpfung; Utopie der Versuch, die Rolle Gottes selber zu übernehmen.

Tödliche Verblendung

Es ist eine beunruhigende Vermutung, daß Fehler der militärischen Führung im Krieg – auch wenn sie Hunderttausende Soldaten das Leben kosten mögen – weniger schwer wiegen können als Irrtümer der Politiker, die zum Krieg führen oder seine Beendigung verhindern. Nach einer gründlichen Wertung zahlreicher Biographien von »Hitlers militärischer Elite« kommt Günter Kiessling, ehemaliger General der Bundeswehr, also kein Laie, zu der Überzeugung, daß es allein die Forderung der Alliierten nach einer bedingungslosen Kapitulation war, die den Widerstand der meisten Generäle gegen das NS-Regime blockierte, dessen Sturz verhinderte und so das Blutbad am Ende des Zweiten Weltkriegs zur Folge hatte. Er schreibt: »*Nach allem, was wir heute über die damalige Lage wissen, darf man getrost sagen, daß mit einigermaßen erträglichen Bedingungen der Alliierten der Krieg etwa zwei Jahre früher hätte beendet werden können.*« Das ist ein ungeheuerlicher Gedanke. Die Verblendung weniger führender Männer in West und Ost hat eine wechselseitige Steigerung der Barbarei heraufbeschworen und dazu geführt, daß vermutlich 80 Prozent aller Gefallenen des Kriegs in diesen beiden Jahren zu beklagen sind.

Der miserable Chirurg

Der Brünner Schriftsteller Jan Trefulka überlieferte in einem Gespräch mit Thomas Ross, wie dieser berichtete, eine Anekdote über Masaryk, den Gründungspräsidenten der Tschechoslowakei. Der habe in Wien außer Philosophie eine Zeitlang auch Anatomie studiert. »*Sie mögen ein guter Philosoph sein*«, habe ihm der Professor bei einer Autopsie gesagt, »*aber sie sind ein miserabler Chirurg.*« Nach der Geburt der Tschechoslowakei habe ihm der alte Professor geschrieben: »*Ich habe leider recht behalten.*«

Die Faschismuslüge

Als Bestätigung meiner konstanten Weigerung, in kunsthistorischen Studien die Bezeichnung Nationalsozialismus durch das Wort Faschismus zu ersetzen und jenen dabei – auch auf kulturpolitischem Gebiet – unerlaubt zu verharmlosen, lese ich jetzt im Bericht über eine Wiener Tagung den Satz: »*Karl Dietrich Bracher hält es für eine Verniedlichung, den Nationalsozialismus in Deutschland unter ›Faschismus‹ einzureihen; er definiert ihn als ›primär genuin deutsches Phänomen und nicht als faschistisches‹.*«

Götzendämmerung des Fortschritts

Innerhalb weniger Jahrzehnte haben die Organisationen, die sich gern ihrer »Fortschrittsgesinnung« rühmten, Sozialdemokratie und Gewerkschaften vor allem, den Ausdruck »fortschrittlich« fallengelassen wie eine heiße Kartoffel. Hat damit eine Bewegung eingesetzt, die auch die Linken ins Lager der Konservativen führt? Ist die Besinnung schon so weit gediehen, daß ein übereinstimmender Wille wächst, die gesellschaftliche Entwicklung frei zu machen von der Bevormundung durch das Perpetuum mobile des technischen Fortschritts, egal wohin geschritten wird? Noch nie war die banale »Fortschrittlichkeit« – dieser Götze der Industrie wie des Proletariats – in größere Ungnade gefallen als in unseren Tagen, da die Gefährdung des Lebens durch die Folgen technischer Weltbeherrschung mit einer drohenden Klimaveränderung die Gemüter aufschreckt.

❧ ☙

Faschismus – Nationalsozialismus

Der französische Philosoph, Soziologe und Journalist Raymond Aron, gründlicher Beobachter der Zeitgeschichte und Jude, der von 1931 bis 1933 in Berlin gelebt hat, wandte sich als Zeuge im Prozeß gegen Bertrand de

Jouvenel entschieden gegen »*die propagandistische Gleichsetzung von Faschismus und Nationalsozialismus. Dieser habe sich durch seine Rassendoktrin grundsätzlich und gefährlich von jenem unterschieden*«. Und durch seine Bücherverbrennung und seinen Bildersturm, ist mindestens hinzuzufügen.

Gefährdete Demokratie

Versagen die Kunstkritiker, springen die Verteidiger der Demokratie in die Bresche. Wenn man schon nicht weiß, was Kunst ist, weiß man doch, was der Volksherrschaft schaden kann. »*Wenn Demokratie, wie es bei uns schleichend aber zunehmend der Fall ist*«, so Nikolaus Lobkowitz in einem Wochenblatt, »*nur noch bedeutet, daß jeder seiner Haltlosigkeit frönen darf, wie immer ihm gefällt, daß es keine noch so große Schweinerei gibt, die man nicht als tolle Kunst verehren dürfte, ... dann ist Gefahr deshalb im Verzug, weil sich unweigerlich Stimmen zu rühren beginnen, daß es mit der Demokratie nicht so weit her sei*«.

167

Heiligkeit des Bestehenden

Die Beschleunigung, mit der sich die technischen Erfindungen in unserer Zeit ablösen, lassen uns die Dauerhaftigkeit der archaischen Kulturen vergessen. In der Überzeugung von der prinzipiellen Heiligkeit alles Bestehenden verbarg sich die Weisheit, daß die menschliche Existenz schon vom Wagnis der kleinsten Veränderung tödlich bedroht werden kann. Im Bewußtsein, daß jede Neuerung einen Umbruch bedeutet, der nur in mythischen Dimensionen begriffen werden kann – das Feuer, das Rad, der Ackerbau, die Schrift –, wird jede dieser Errungenschaften dem Schutz einer besonderen Gottheit unterstellt.

❧ ❧

Die fortschrittlichen Konservativen

Die Konservativen erweisen sich in einer Zeit rapiden technischen Fortschritts und beängstigender Zerstörung der planetarischen Lebensgrundlagen als die eigentlich »Fortschrittlichen« dieses Jahrhunderts. Selbst die ehedem unentwegt »fortschrittlich gesinnte« Linke mag ihr Lieblingswort »Fortschritt« nicht mehr in den Mund nehmen.

Der konservative Revolutionär

Der Physiker und Naturphilosoph Werner Heisenberg, so urteilte in einem Nachruf Carl Friedrich von Weizsäcker, sei überzeugt gewesen, »*daß nur der Konservative ein wirklicher Revolutionär sein kann. Nur der Konservative nimmt die überlieferten Strukturen ernst genug, um unter ihrem Ungenügen tief zu leiden und die einzige Stelle zu entdecken, an der sie durchbrochen werden müssen und können, um eine neue Wirklichkeit einzulassen*«.

Die verlorene Generation

Den Begriff der »verlorenen Generation« hat Gertrude Stein geprägt. Als Hemingway (1899–1961) während seines Pariser Aufenthalts, ihrem Rat folgend, vom Journalismus zur Literatur wechselte und seinen ersten Roman »Fiesta« schrieb, setzte er die Redewendung seiner Mentorin als Motto voran: »*Ihr gehört alle einer verlorenen Generation an.*«

Magie der Macht

Geschichte als Wissenschaft betreiben heißt: einen Hergang erklärend beschreiben. Und doch weiß jeder Historiker, daß unseren nachträglichen Erklärungen ziemlich enge Grenzen gezogen sind. So ist schon der zentrale Begriff der Macht rational nur unvollständig faßbar. Das Wort Macht entwuchs eben derselben indogermanischen Wurzel, aus der auch das Wort Magie hervorgegangen ist. Der magische Anteil am Phänomen des Machtgewinns wie der Machtausübung ist größer, als wir wahrhaben wollen.

❦ ❦

Unrechtsfolgen der Unrechtsbeseitigung

Beim Versuch, das Unrecht aus der Welt zu schaffen, das mit der Nichtbeachtung der »verschollenen Generation« bildender Künstler in Deutschland geschah, wurde mir immer wieder klar, daß das nicht möglich war, ohne dabei immer wieder neues Unrecht (in der Wertung, vor allem aber in der Nichtberücksichtigung weiterer unbekannter Künstler) in Kauf zu nehmen. Bei der Lektüre von Welsch finde ich die bestätigenden Sätze: »*Ein empfundenes Unrecht muß aufgehoben werden, auch wenn voraussehbar ist, daß an anderer Stelle neue Unrechtsfolgen entstehen mögen. Bestehendes Unrecht nimmt (bei sonstiger Vergleichbarkeit) stärker in die Pflicht als entfernt mögliches Unrecht.«*

Demokratie ist Diskussion

Was als »Politikverdrossenheit« gescholten wird, ist zum großen Teil medienerzeugter Unwille. Die stereotypen Überschriften vieler Tageszeitungen und die Formulierungen der Fernsehsprecher denunzieren die Auseinandersetzungen der politischen Parteien stets als Streitigkeiten, Parteiengezänk, Zerstrittenheit und so weiter. Dabei handelt es sich in den meisten Fällen nicht um persönliche Verunglimpfungen, sondern um die Diskussion von Sachentscheidungen, seltener von Verfahrensfragen. Es ist das Fortleben des von Fritz Stern so genannten »*Vulgäridealismus*«, der Gehorsam und Autorität höher bewertet als Debatte und kritische Parteiarbeit und der hierzulande immer wieder alle Auseinandersetzung verabscheut. Masaryks Formel »*Demokratie ist Diskussion*« ist in Deutschland eine unverständliche Begriffserläuterung geblieben.

Die Weisheit der Dissidenten

»*Überall auf der Welt*«, schreibt Tilman Moser in einem Gedenkartikel über Sigmund Freud, »*in Politik, Wissenschaft und Kunst wird die Weisheit der Dissidenten als wichtige Kehrseite und als Gegengewicht entdeckt, gefeiert und rehabilitiert. Nur in der orthodoxen Psychoanalyse wird noch gelehrt, daß man sich um sie nicht zu kümmern brauche, daß Freud bereits das Notwendige über sie gesagt habe. Dabei haben sie allesamt – und das soll beileibe keine neue Idealisierung bedeuten – neben vielem Fragwürdigen kostbare Schätze gehoben, die nicht wahrzunehmen und sinnvoll zu verwenden geistige Armut bedeutet.*«

Aber die Abwehr revisionistischer Bemühungen ist nicht auf die Psychoanalyse beschränkt, sie beherrscht alle Bereiche weniger der Wissenschaften als ihrer Popularisierungssektoren. Ich entsinne mich, daß kein Satz meines Buchs »Die Kunst der verschollenen Generation« eine so empörte Ablehnung gefunden hat wie der erste, daß »*unsere Vorstellung von der Malerei des 20. Jahrhunderts revidiert werden muß*«. Ein Kritiker verstieg sich zu der Behauptung, »*es ist schlicht unzulässig, die Kunstgeschichte umkrempeln zu wollen*«.

Orden für den Kommandanten

Der Wehrmachtskommandant, der sich am Ende des Kriegs weigerte, die Stadt Greifswald befehlsgemäß in die Luft zu sprengen, und so die wertvollen Bauwerke rettete, erhielt dafür den höchsten Orden jenes sozialistischen Staates, der in den darauffolgenden 45 Jahren dafür sorgte, daß alles, was gerettet war, seiner ideologisch bedingten Mißwirtschaft zum Opfer fiel.

Bauernhochzeit

Bauernsöhne, die den Hof weiter bewirtschaften wollen, haben es immer schwerer, eine Frau zu bekommen. Schließlich wird ihnen auch hierzulande nichts anderes übrigbleiben, als so zu verfahren wie jene chinesischen Bauern in entlegenen Gebieten, die sich ihre Weiber von einer Menschenhandelsbande beschaffen ließen. Aus der Reuter-Meldung, die von vier Hinrichtungen unter den Frauenhändlern berichtet, erfahren wir leider nicht, wie gefährlich das Geschäft für die rigorosen Freier gewesen ist.

Der linke Stammbaum

Die bissige Feindschaft der spätmarxistischen Intellektuellen gegen einen so herausragenden Historiker wie Ernst Nolte gründet in dessen Nachweis vom linken Ursprung der totalitären Diktaturen dieses Jahrhunderts. Der Soziologe Lothar Bossle führt denn auch die Entfachung des sogenannten »Historikerstreits« durch Jürgen Habermas auf dessen Absicht zurück, »*die naheliegende Analogie zwischen Hitler und Stalin aus der Erörterung ... herauszuhalten. Die sozialistische Idee an sich ist gut, aber Stalin hat sie denaturiert – das ist die These von Habermas. Doch gegen die These, die nationalsozialistische Idee an sich ist gut, aber Hitler hat sie denaturiert, bot er seine ganze pamphletische Kunst auf*«.

Der konsequente Ersatz der Bezeichnung Nationalsozialismus durch das Tarnwort Faschismus oder das beliebte Kürzel »Nazi« geschieht aus der begründeten Befürchtung, daß die sozialistische Komponente der NS-Ideologie deutlich werden könnte und daß also jene mühsam errichtete Theorie ins Wanken gerät, »*nach welcher der gemeinsame Stammbaum des Nationalsozialismus und des internationalen Sozialismus kommunistischer Prägung geleugnet werden muß*«. Es gehöre, meint Bossle, zur »*Kampfstrategie der spätmarxistischen Gesinnungsgemeinschaft ..., den sozialistischen Ausgangspunkt der Nazis zu verschweigen. Hitler war ein Faschist und nicht der Vorsitzende der Nationalsozialistischen Deutschen Arbeiterpartei – das ist das Dogma des Vernebelungsjargons von Habermas. Die ganze historische Verteidigungslinie des intellektuellen und theoretischen Sozialismus würde zerbrechen, wenn die linken Anfänge Hit-*

lers ein erörterungswürdiger Gegenstand im deutschen Feuilleton würden. Man könnte die Faschismuskeule ja nicht mehr schwingen, wenn die Selbsteinschätzung der NSDAP in unsere politische Streitkultur Eingang finden könnte, die Joseph Goebbels am 6. Dezember 1931 im ›Angriff‹ in die Feststellung einfaßte: ›Wir sind die deutsche Linke und verachten den nationalen Bürgerbloc.‹«

Praktischer Hausarrest

Der rumänische »Führer« (Conducator) hat die perfekteste Form von Gefängnis erfunden, wie man den Berichten über den Dichter Mircea Dinescu entnehmen kann: den Hausarrest. Vermutlich war auch diese Erfindung eine Antwort auf die Realität, in diesem Falle der hoffnungslos überfüllten Gefängnisse. Aber ihre Vorzüge stellten sich sehr schnell heraus: Die Gefangenen hatten ihre eigenen Wohnräume zur Verfügung zu stellen, hatten sich selbst um ihre Versorgung und Verpflegung zu kümmern, und nichts stand der konsequenten Herbeiführung des Idealzustands im Wege, das ganze Land preiswert zu einem Gefängnis zu machen.

Problemlösungen

Für den brasilianischen Präsidenten Sarney gab es, so meinte einer der Senatoren des Landes, nur zwei Arten von Problemen, die unlösbaren und die, die sich von selbst lösen.

✺ ✺

»What's left?«

Nach dem Scheitern des gigantischen ideologischen Experiments, das die Errichtung des marxistisch-leninistischen Sowjetimperiums bedeutete, wird von Anhängern und Gegnern der »Linken« in aller Welt die Frage wiederholt: »What's left?« Was bedeutet es, »links« zu sein? Die Fülle und die Verschiedenartigkeit der Antworten lassen nach einem Hintergrund suchen, der als gemeinsamer Nenner der Aussagen gelten könnte. Vermutlich gibt es keine politischen, nur wenige ideologische, zumeist aber psychologische Gründe des »Linksseins«. Die fundamentale Gemeinsamkeit linker Gesinnung scheint mir eine hybride Verachtung der Wirklichkeit, von den Linken selbst beschönigend »Liebe zur Utopie« genannt. Das 20. Jahrhundert wurde für die Menschheit zur schrecklichen Schule der gescheiterten Utopien. Das nämlich, was am Nationalsozialismus wie am Faschismus utopisch war, war linkes

Erbe, in vielen Fällen unter direkter Berufung auf das marxistische Vor- und Feindbild. Nicht zufällig liefen die ehemals linken Genossen scharenweise in Hitlers Bataillone und bildeten seine treuesten Kämpfer. Wird der Zusammenbruch der ideologischen Großreiche der Menschheit eine Lehre sein? Vermutlich nicht. Denn die künftigen Linken werden diese »Erfahrung« ebenso mißachten wie ihre Vorgänger die vorausgegangenen Erfahrungen. Die utopische Gesinnung zeichnet sich geradezu dadurch aus, daß sie unverletzbar ist durch die Wirklichkeit.

Schwejks Nachfahren

»*Die* ›*Gesellschaft für eine lustigere Gegenwart*‹ *hatte ihren besten Einfall im August*«, schreibt die Berichterstatterin der Frankfurter Allgemeinen aus Prag. »*Mit hundert Gurkenknüppeln bewaffnet und Helmen aus halben Wassermelonen auf dem Kopf, haben sich ihre* ›*Polizisten*‹ *auf eine Gruppe von Demonstranten gestürzt und nach alter tschechischer Gendarmenmanier auf sie eingeprügelt, bis die echten Polizisten kamen. Sie hatten den Ernst der Posse sofort verstanden.*«

Der arbeitslose Gemeinsinn

Daß die Menschen bestimmter Zeiten von Natur aus besser oder schlechter sein sollten als die Menschen anderer Zeiten, ist schwerlich einzusehen. Demzufolge haben wohl die Soziologen recht, die den Verfall der Sitten der Beschaffenheit der staatlichen Verfassung zuschreiben. Wenig schmeichelhaft für die Nachkriegsdemokratien klingt das Urteil des Schweizer Sozialwissenschaftlers Gerhard Schmidtchen, der nach einer ausführlichen Analyse zu dem Schluß kommt: »*Die Organisation unserer Gesellschaft verursacht ein moralisches Defizit.*«

Zur Beseitigung dieses Defizits fallen den Intellektuellen wie den Politikern nur zwei Möglichkeiten ein: entsprechende Gesetze zu erlassen oder die Gesinnung der Menschen zu ändern. Da der Versuch, dem Übel durch neue Gesetze gegenzusteuern unentwegt gemacht wird und sich als unwirksam erwiesen hat, bleibt nur die Änderung der Gesinnung als Ausweg offen. Nun hat sich aber stets gezeigt, daß Ermahnungen und Belehrungen folgenlos bleiben. Die moralischen Kräfte eines Volks wachsen nicht durch Beschwörungen, sondern allein durch die Übung in der Praxis: durch das, was der alte Konfuzius deshalb als eine der Grundlagen menschlichen Zusammenlebens erkannt und gefördert hat, durch Riten. In dieselbe Richtung weist die Erkenntnis des genannten Soziologen, wenn er schreibt: »*Wir haben oft die Klage gehört, es gäbe keinen Gemeinsinn in unserem Lande. Gemeinsinn haben wir, aber es ist ein arbeitsloser Gemeinsinn. Geben wir ihm Themen und Beschäftigung im Sinne einer einfühlsamen, humanen Gesellschaft.*«

Alles, was Schmidtchen hier als »Themen und Beschäftigung« bezeichnet, müßte den Inhalt moderner Riten darstellen, die – besonders für die Jugend – zu schaffen die Parteien, die Kirchen, die Verbände und gesellschaftlichen Gruppen aufgerufen sind. Erweist sich die Demokratie als unfähig für diesen schöpferischen Akt, wird dieses Verlangen des Menschen nach Einsatz seines »arbeitslosen Gemeinsinns« zwangsläufig von Ideologen eingefordert und mißbraucht werden.

Traum vom Untergang

Ein Linker will die deutschen Linken aufwecken aus ihrer »Traumsüchtigkeit«, wie er ihre Realitätsscheu nennt. In einem aufmunternden Beitrag in der »Welt« trifft Dietrich Schwanitz, Philologe an der Hamburger Universität, zur ihrer Geschichte die denkwürdigen Feststellungen: *»Früher hat die Linke am Untergang des Kapitalismus gearbeitet. Dann hat sie den Untergang der Welt angekündigt. Und nun beklagt sie ihren eigenen Untergang.«*

Grund und Boden

Für Grundbesitz ist der Eigentumsbegriff unangemessen. Grund und Boden als nicht herstellbares, oft auch nicht wiederherstellbares Gut darf nur als Lehen betrachtet werden.

Aufforderung, das Denken einzustellen

Die Sprache der Wissenschaft zielt auf Eindeutigkeit; ihr Ideal ist die mathematische Formel. So züchtet jedes Spezialgebiet seine eng definierten Fachausdrücke und verfängt sich von Jahr zu Jahr mehr in diesem Zauberwald fixierter Realitätsspiegelungen. Ein gewisser Grad von Bedeutungsunschärfe, von »Offenheit« der Ausdrücke, erweist sich aber gerade als Ermunterung zum schöpferischen Weiterdenken. Das Fachchinesisch, zum Beispiel das Soziologenkauderwelsch, fordert dazu auf, das Denken einzustellen, denn es scheint alles schon ausdefiniert.

Der resozialisierte Verbrecher

Die Hätschelung der sogenannten Randgruppen hat ihre Berechtigung. Bei anhaltender Auflösung der Person, ihrer Eigenverantwortung, ihrer Souveränität, wird unsere Gesellschaft bald nur noch aus Randgruppen bestehen. Der Aufmerksamkeit, die man in diesem Zusammenhang den Gefängnisinsassen widmet, darf eine gewisse divinatorische Dimension nicht abgesprochen werden. Die allmähliche Erfüllung des modernen Traums, dem alten Adam sein leid- und lustvolles Dasein wegzuamputieren und ihm dafür die schmerzunempfindliche Prothese des perfekten Sozialstaats anzudienen, läßt den einigermaßen vitalen Exemplaren der Gattung Mensch bald nur noch den Ausbruch ins Verbrechen offen. Mit dem unzulänglichen Terminus der »Wohlstandskriminalität« hat man den Zusammenhang von zunehmender Sozialisierung und Verbrechensneigung schon ins Visier genommen. Aber auch der Ausbruch ins Verbrechen wird sich letzten Endes als vergeblich herausstellen: wieder eingefangen, muß sich der Verbrecher auch noch sein Gefängnisschicksal nehmen lassen. Er wird »resozialisiert«. Das sagt alles.

Raumordnung

Die Forderung nach einer praktizierten Raumordnung richtet sich nicht so sehr auf eine technische wie auf eine religiöse Aufgabe: die Rückbindung der Landschaft an unsere Vorstellung vom Paradies.

❦ ❧

Effizienz der Marktwirtschaft

Ganz abgesehen von aller Erfahrung läuft die Beurteilung der möglichen Effizienz von Marktwirtschaft oder Behördenwirtschaft auf die schlichte Frage hinaus, ob es wahrscheinlicher ist, daß einer mit fremdem Geld sorgfältiger umgeht als mit seinem eigenen.

❦ ❧

Fernsehdiskussionen

In einem Zeitungsbericht findet sich die treffende Beschreibung der gängigen Fernsehdiskussionen: »*Mit neurotischer Energie*«, heißt es da, »*wird aneinander vorbeigeredet.*«

Anpassung der Frauen

»*Unsere gesellschaftliche Lebensform zu vermenschlichen,
heißt, sie zu verweiblichen*«, fordert Horst E. Richter. Der
herkömmliche Feminismus betreibt das Gegenteil, indem
er eine Anpassung der Frau an die herrschende Zivilisation fördert, statt eine Anpassung unserer Lebensformen
an die Werte des »Weiblichen« anzustreben.

Unzeitgemäßes Fernsehen

Die Unzeitgemäßheit des Fernsehens als Medium ergibt
sich aus der Tatsache, daß es in einer Epoche der immer
komplizierter werdenden Zusammenhänge – nicht nur in
Wissenschaft und Technik, sondern auch in der politischen und sozialen Welt – unentwegt die Überlegenheit
der simplen Lösungen suggeriert.

Zucht und Reichtum

Der rheinische Zisterziensermönch Caesarius von Heisterbach hat – lange vor der Erfindung der Soziologie – eines ihrer fundamentalen Gesetze formuliert, als er schrieb: »*Zucht erzeugt Reichtum, und der Reichtum zerstört die Zucht.*«

Nichts Wichtiges zu tun

Die heutige Tageszeitung veröffentlicht eine Erhebung, nach der die Hälfte der Jugendlichen schon Selbstmordgedanken gehegt habe. William S. Burrough hat in einem 1970 der Zeitschrift »Pardon« gegebenen Interview die Erklärung dazu vorausgeliefert. Nachdem er zunächst etwas über das Ziel hinausschoß, indem er feststellte: »*Die Zeitungen sind weithin verantwortlich für die entsetzlichen Ereignisse, die sie berichten*«, legt er den Finger auf die wirkliche Wunde: »*Verstehen Sie, das genau ist das Drama der westlichen Gesellschaft: nichts Wichtiges zu tun zu haben.*«

Die ausweglosen Sachzwänge

Angesichts der Herrschaft, die die »Sachzwänge« in der modernen Zivilisation ausüben, erinnert Erwin Chargaff daran, daß *»Ananke, die griechische Göttin der unentrinnbaren Notwendigkeit, laut Mythologie die Mutter des Chaos gewesen ist«.*

Soziale Desorganisation

Politiker pflegen das Randalieren der Chaoten gern der aggressiven Natur des Menschen zuzuschreiben, weil sie dafür als weniger zuständig gehalten werden denn für den Zustand unserer Gesellschaft. Indes hat uns Wolfgang Wieser längst gelehrt, daß *»die destruktive Aggressivität eine Folge der sozialen Desorganisation und nicht vielleicht deren Ursache ist«.*

»Sex and crime«

Die Zunahme der Kriminalität und der Pornographie, das von den Medien geschürte Potential von Gewalt und Sexualität und ihrer sich steigernden Verbindung, ist die Kehrseite des durch immer mehr Gesetze regulierten Wohlfahrtsstaats. Der Soziologe Erwin K. Scheuch erklärte zur Rolle der Gewalt im modernen Industriestaat: *»Die Gewalttat wird als ein Weg gesehen, sich von dem Netz gesellschaftlicher Regeln zu befreien. Gewalt als Akt der Befreiung des Menschen – als eine Art Wiedergeburt aus seiner Existenz als gesellschaftliches Wesen.«* Der andere Weg der »Wiedergeburt« wird über die Enthemmung der Sexualität beschritten: »sex and crime«, die beiden verbündeten Widersacher der als lästig empfundenen »Unnatur« modernen Lebens.

❧ ❧

Umfriedete Freiheit

Die Freiheit des Menschen kann sich um so weiter ausdehnen, je höher die beiden Umfriedungen sind, von denen sie geschützt wird: im Individuum vom Bewußtsein der Verantwortung, in der Gesellschaft von der Strenge des Gesetzes.

Transplantation und Abtreibung

Das gleichzeitige Ansteigen der Forderung nach Transplantationsorganen Verstorbener und der Tötung Ungeborener im Mutterleib läßt vermuten, daß der polnische Philosoph Leszek Kolakowski recht hat, wenn er annimmt, *»daß die Achtung vor den Toten und die vor den Lebenden, vor dem Leben überhaupt, untrennbar sind«.* Angesichts der Tatsache, daß jenes Tabu, das Respekt vor der sterblichen Hülle des Menschen gebietet, kurz vor dem Fall zu sein scheint, gesteht er, *»eine gewisse Sympathie für jene zu empfinden, die mit Schrecken eine Welt auf sich zukommen sehen, in der die Toten nur mehr ein Ersatzteillager für die Lebenden darstellen oder den Rohstoff für verschiedene industrielle Produkte«.*

Vergangenheitsbewältigung

Die Zeit ist ein Pfeil, dessen Flugbahn man nicht nachträglich ändern kann. Wer Vergangenheit »bewältigen« will, sitzt schnell auf der Bank der Geschichtsfälscher. Geschichte hat nur dann einen Orientierungswert, wenn sich die historische Forschung in rücksichtsloser Revision keinem anderen Imperativ unterwirft als dem der Wahrheit.

Gesinnungsstaat

Ein Staat, der seinen Bürgern eine Gesinnung vor-
schreibt und Abweichler ins Gefängnis bringt, wird, wenn
die Gefängnisse voll sind und sich die allgemeine Gesinnung wandelt, über Nacht zusammenbrechen. Soviel
sollte uns die jüngere Geschichte gelehrt haben.

Leben wir noch in der Natur?

❦ ❧

Regiment der Technokraten

Unsere Zivilisation hinkt der Erkenntnis hinterher. Längst ist das logozentrische Denken der Moderne widerlegt, aber der Alltag wird weiterhin nach seinen Regeln geformt. *»Die Entscheidungen treffen Technokraten«*, beschwert sich Rupert Riedl zu Recht, *»die Lösungen finden Ingenieure, und die Bewilligungen erteilen Juristen. Dies ist eine Subpopulation unserer Zivilisation mit der allergeringsten Ausbildung am Lebendigen und der geringsten Anschauung der Natur.«*

Bacillus subtilis

Früher als die Medizin, die immer noch nicht auf Antibiotika verzichten kann, scheint die Agrartechnik in das Stadium »intelligenter Verfahren« vorzudringen. Neue Forschungen machen es wahrscheinlich, daß man schon bald auf die »chemische Keule« der Pestizide gegen Schädlinge und Krankheitserreger verzichten kann, weil man lernt, die natürliche Widerstandskraft zu stärken.

Bei der Erforschung dieser sogenannten »induzierten Resistenz« hat das Hannover »Institut für Pflanzenkrankheiten und Pflanzenschutz« mithilfe einer Nährbrühe, in der das Bodenbakterium »Bacillus subtilis« vermehrt wurde, die Widerstandskraft von Getreidepflanzen gegen Pilzinfektionen erhöht. Das Bemerkenswerte dabei ist, daß die Stoffwechselprodukte des Bakteriums die Pilze nicht direkt töten, sondern die Pflanze instandsetzen, dem Ausbreiten der Pilze selbst Einhalt zu gebieten. Erstaunliche Nebenwirkung dieses in der Tat »subtilen« Verfahrens ist der Umstand, daß nicht nur der krankheitsbedingte Ausfall im Kornertrag verhindert wird, sondern daß die Pflanze dadurch auch anderem Unbill wie Trockenheit oder höherem Säuregehalt des Bodens besser standhält.

Gift als Schutz

Der riesige Grabhügel des ersten chinesischen Kaisers Shi Huang Di in der Nähe von Sian ist vermutlich nur deshalb zwei Jahrtausende lang von Grabräubern verschont geblieben, weil er sie durch einen legendären Quecksilbersee in seinem Innern abgeschreckt oder die schon Eingedrungenen vergiftet hat. Gift erweist sich von allen Erfindungen in Natur und Kultur als der sicherste Schutz. Unversehrt in seiner blassen Schönheit steht der Knollenblätterpilz im Wald, von keinen Fliegenmaden, keinen Schnecken angefressen.

Die Mitgift des Lebendigen

Dem Verstehen der Lebensvorgänge sind Grenzen gesetzt durch die unvorstellbare Komplexität der Lebensstrukturen. *»Die kleinsten Lebewesen, die noch über einen autonomen Stoffwechsel verfügen, sind die Bakterien. Deren genetische Information ist in einem DNS-Molekül mit annähernd vier Millionen Nukleotiden verschlüsselt. Im menschlichen Genom sind über eine Milliarde molekularer Symbole zur Codierung der Erbinformation notwendig.«*

Solidarität der Lebewesen

Wenn es Zeichen der Hoffnung gibt, dann sind es die in jüngerer Zeit merklichen Hinweise auf einen Wandel unseres Denkens – vom technischen zum biologischen Paradigma. Er findet dort am ehesten statt, wo die natürliche Lebenswelt am auffälligsten geschädigt erscheint. Die vom atlantischen Westwind begünstigten Franzosen haben das deutsche Wort »Waldsterben« als Fremdwort übernommen und halten die Reaktion ihrer Nachbarn für leicht hysterisch. In unserem Warnruf »*Erst sterben die Bäume, dann die Menschen*« schlägt sich ein wiedergewonnenes Gemeinschaftsgefühl mit allem Lebendigen nieder. Das früher kaum reflektierte Bewußtsein der Gemeinsamkeit aller Kreatur – in zahllosen Mythen veranschaulicht – wird nun auf rationale Weise wiederbelebt. Es entsteht – vielleicht noch nicht zu spät – eine Geisteshaltung, die als »*Solidarität der Lebewesen*« bezeichnet worden ist, ein Ausdruck, der unterschlägt, daß es sich dabei ja nur um eine Solidariät des vernachlässigt gewordenen Menschen zu allen anderen Lebewesen handeln kann. Albert Schweitzers Aufruf zur »*Ehrfurcht vor dem Leben*« nennt die Notwendigkeit.

Logos und Leben

In der ethischen Forderung nach »Ehrfurcht vor dem Leben« verkörpert sich mehr Erkenntnis der Wirklichkeit als in manchen Konstruktionen der wissenschaftlich-rationalen Welterklärung, weil diese auf Kausalzusammenhänge angewiesen ist. Die Beziehungen innerhalb des Lebendigen übersteigen unser Fassungsvermögen um ein Hundertausendfaches und werden sich auch mit Computersimulationen nicht rekonstruieren lassen. Welche Dimensionsunterschiede zwischen technisch-rationalem Denken und einem Begreifen biologischer Zusammenhänge bestehen, kann schon der Blick durch ein Elektronenmikroskop auf die Wand einer einzigen Zelle veranschaulichen – eine durch Millionen von Beziehungen verwobene Wirklichkeit von Bauteilen, Stützen, Abschirmungen, Verbindungen und Abhängigkeiten schon im kleinsten Teil eines Organismus. Daß sich Lebendiges dem Zugriff des Verstands entzieht, beruht auf der Tatsache, daß schon in den Bausteinen des Lebens Ursache und Wirkung nicht mehr auseinandergehalten werden können – und zwar nicht nur wegen der unübersehbaren Fülle miteinander vernetzter Ursachen und Wirkungen, sondern vor allem wegen der Rückwirkung der Wirkungen auf die Ursachen, also der faktischen Aufhebung der Kausalität.

Das Villacher Hundeporträt

Daß Tiere nicht nur als Statisten idyllischer Landszenen oder Kompagnons martialischer Gefechte in Gemälden auftreten, sondern auch in Porträts gewürdigt werden, weiß man aus vielen Darstellungen geliebter Pferde, seltener von Hunden. Dem rührenden Beispiel eines Hundeporträts begegnet der Besucher des Museums der Stadt Villach. Dort hängt das überlebensgroße Bildnis eines Hundes, den man wohl unter den heutigen Rassen am ehesten dem noch jetzt in Kärnten als Jagdbegleiter geschätzten »Bergdackel« zurechnen könnte. Er trägt ein rotes Halsband mit den goldenen Buchstaben A. S. B. G., den Namensinitialen seines dankbaren Herrn, des Adam Seifried Baron von Grottenegg. Ihn hatte der Hund unmittelbar vor Ausbruch des starken Erdbebens, das am 4. Dezember 1690 auch in Villach Tote gefordert und den Turm der Stadtpfarrkirche hatte einstürzen lassen, durch »auffälliges Betragen« – wie eine Beischrift vermeldet – dazu bewogen, schnell in eine Fensternische zu treten, wo er – anders als seine ganze Familie – den Zusammenbruch seines Schlosses in Treffen überlebte.

Ebenso wie die kapitolinischen Gänse rettete »der Erdbebenhund von Treffen« Menschenleben durch seine die menschlichen Fähigkeiten übersteigenden Sinnesleistungen und errang im Medium der Malerei, wie jene mit Hilfe der Geschichtsschreibung, ein Stückchen Unsterblichkeit. Beide verstanden es – und das macht ihre Leistung so erstaunlich –, das geahnte Unheil dem Menschen auch mitzuteilen.

Der früheste Gefährte

Die Freundschaft des Menschen zum Hund – und umgekehrt – dürfte doppelt so alt sein wie die mit jedem anderen Tier. Die Domestikation des Hundes vor rund 15 000
Jahren bescherte dem Hund reichlich Abfälle von der
getöteten Jagdbeute, dem bewaffneten Menschen half das
wendige Tier zum Treiben und Einkreisen der Jagdbeute.
Der Mensch war klüger, der Hund war schneller. Aus dem
Ende der letzten Eiszeit gib es (zum Beispiel in Oberkassel
bei Bonn oder in Mallaha in Palästina) Grabfunde, die
eine gemeinsame Bestattung von Mensch und Hund be-
zeugen. In Schweden finden sich Einzelgräber für Hunde
aus der mittleren Steinzeit, und in den ägyptischen Pha-
raonengräber wurden Mumien von Hunden beigesetzt.

Herr und Meister

Wenn es stimmt, daß die heute existierenden Lebewesen
nur dank der Tatsache die Erde bevölkern, daß unendlich
mehr Arten im Laufe der Erdgeschichte wegen mangelnder Anpassung ausgerottet wurden, dann ist der Tod der
größte Herr und Meister der irdischen Höherentwick-
lung und des menschlichen Triumphs auf diesem Planeten.

Träume der Tiere

Auf neue Ergebnisse der Traumforschung macht der Biologe Vitus B. Dröscher in einem Illustriertenbeitrag aufmerksam. Der Inhalt von Träumen bei Tieren, so berichtet er, lasse sich erschließen, indem man jene Sperre im Gehirn, die verhindert, daß Traumerlebnisse unseren Bewegungsapparat aktivieren, durch ein Medikament ausschaltet. Die sich auf Mäusejagd träumende Katze tappt dann im Schlaf durchs Zimmer und greift mit ausgefahrenen Krallen nach der geträumten Maus. So erzählen uns gleichsam die Tiere ihre Träume durch Gebärden.

Eine bewegende Einzelbeobachtung berichtet von Militärpferden, die noch nach Jahren unter ihren Kriegserlebnissen leiden. Tiere, die verwundet worden waren, quälten sich später im Schlaf: Sie wieherten, schlugen mit den Hufen aus, versuchten zu beißen und wälzten sich, als lägen sie im Sterben.

»Wahrscheinlich sind die meisten Traumerlebnisse der Tiere Albträume«, schreibt Dröscher. Er hätte hinzufügen können, daß sie sich dabei wenig von den Menschen unterscheiden, bei denen man den Anteil der Angstvisionen auf 60 Prozent schätzt.

Der Traum ist ein seelischer Vorgang, der erst spät in der Evolution auftritt. Erst die Reptilien beginnen zu träumen. Im Gefolge die Vögel und intensiver dann die Säuger verarbeiten während des Schlafs Relikte aus der erlebten Realität.

Erster Hummelflug

Über Nacht ist es kalt geworden am Berghang, und nach starken Regengüssen treiben Wolken und Nebelfetzen durch den Aprilhimmel. Am Wegrand gewahre ich eine erste Hummel an den verschlossenen Huflattichblüten vorbei auf die schütteren rotvioletten Lerchenspornblüten fliegen, eifrig, munter, possierlich – wie mich meine menschliche Sorglosigkeit ihr Verhalten charakterisieren läßt. Dabei bewegt sich dieses Hummeltierchen – in beneidenswertem Daseinsvertrauen – auf dem schmalen Grenzstreifen zwischen Leben und Tod, auf dem sich alle Wesen auf dieser Erde einzurichten haben. Nur wenige hundert Meter höher fiel in dieser Nacht wieder Schnee und hat die frühen Kräuter und Keime bis auf weiteres abgedeckt.

Leben dem Tode zum Trotz

Da jedes Lebewesen dem Verhängnis entgegengeht, dem allgegenwärtigen Tode zum Trotz lebt, ist das Verständnis lebendiger Systeme immer auf die Entdeckung jener Praktiken angewiesen, mit denen sie dem Tod eine Zeitlang standhalten, indem sie ihn auf die einfallsreichste Weise ablenken, vertrösten, überlisten.

Natur und Tod

Der in den Großstädten hausende Mensch des technischen Zeitalters mit seiner modernen Kunst mag noch so stolz das Gegenteil behaupten, die überfüllten Kliniken beweisen hinreichend schmerzlich, daß er ein Teil der Natur geblieben ist. Die – gerade in seiner Kunst erkennbaren – psychischen Defekte rühren weitgehend aus seiner Entfernung von der Natur her; einer Natur, in der kein Lebewesen existiert, das dem Tode nicht Augenblick für Augenblick gegenübersteht. Die moderne »Krankheit zum Tode« besteht darin, den Tod nicht mehr als ständigen Begleiter zu haben.

Wahrnehmung

Die Voraussetzung für das Leben alles Lebendigen ist, daß es seine Welt »wahrnimmt«. Verweigerung der Wahrnehmung wird mit dem Tode bestraft.

Leben als Erkenntnis

Alle Vorgänge, die wir im anorganischen Universum beobachten, sind Prozesse der Entropie. Nur alles Lebendige probt den Aufstand gegen die Diffundierung der Energie. Leben ist ein energiegewinnender und – vermutlich
in demselben Akt – ein erkenntnisgewinnender Vorgang.
Der erste molekulare Schritt, sich der Entropie in den
Weg zu stellen, wäre zugleich der letzte gewesen, wenn
nicht eine Wiederholung möglich geworden wäre. Was
aber ist Erkenntis in ihrer Grundform anderes als die
Fähigkeit, einen erfolgreichen Schritt zu wiederholen?

Wenn sich im Lebensprozeß eine Erkenntnis verkörpert, wenn das Wachsen von Erkenntnis nichts anderes
als die Evolution des Lebens bedeutet, dann dürfen alle
lebendigen Erscheinungsformen als gestaltgewordene
Erkenntnisse verstanden werden.

Für die menschliche Erkenntnis bedeutet dies, daß wir
die Wirklichkeit nicht anders zu begreifen imstande sind
als in den Gestalten des Lebendigen: Sie sind das Wirkliche. Und sie begreifen sich ausschließlich in den Sphären,
in denen sie sich durchdringen.

Wehren und gewähren

Es ist schwer zu begreifen, wie eine Pflanze lernt, sich des auf sie spezialisierten Schädlings zu erwehren. Stecken in diesem Satz schon mehrere anthropomorphe Mißverständnisse? Gibt es in der Natur bloße »Schädlinge«? Ist ihre Spezialisierung ohne ein gewisses Entgegenkommen des Wirts möglich? Wo liegt die Grenze zwischen wehren und gewähren?

Man weiß seit langem, daß sich die Grauerle gegen die gefräßigen Erlenblattkäfer insofern »wehren« kann, als ein kahlgefressener Baum sich im folgenden Jahr gegen eine solche Invasion dadurch wappnet, daß er sein Laub mit unverdaulichen Faserstoffen und mit giftigen Phenolen anreichert. *»Zusätzlich verdirbt ein dichter Haarpelz auf den Blättern dem Käfer und seinen Larven den Appetit.«*

Schweizer Wissenschaftler haben nun beobachtet (Oecologia, Band 87, Seite 219), daß sich Erlen aber auch kurzfristig, innerhalb weniger Wochen, gegen die Erlenblattkäfer wehren können. Sind nach dem Käfernfraß nur skelettierte Blattreste geblieben, verdorren sie schnell und fallen ab. Das neu hervorsprießende Laub trägt silbrig schimmernde Haare. Erstaunlich: Je radikaler die Käfer das Frühlingslaub abgenagt haben, desto dichter behaart sind die nachwachsenden Blätter. Es scheint sich die Abwehrmaßnahme des Baums auch gezielt gegen die gefräßigeren Larven zu richten, deren Ernährung dann wesentlich erschwert wird. Die ausgewachsenen Käfer können, beflügelt, wie sie sind, auf ungeschädigte Bäume ausweichen, die ihre ursprüngliche und unbehaarte Blätterpracht noch besitzen.

Interessant ist es zu bemerken, daß hier die Natur nicht zu einer »Dauerimmunisierung« der Blätter durch generelle Verwandlung in einen geschützten Zustand geführt hat – mit der Folge einer Ausrottung des Erlenblattkäfers, falls dieser nicht eine andere Ernährung gefunden hätte. Auf eine nur zeitweise, nur epidemische und jedenfalls nicht existenzgefährdende Bedrohung reagierte die Erle auch nur mit einer im Notfall einsetzenden Abwehr, die ausreicht, um das Gleichgewicht zwischen Bedrohung und Behauptung herzustellen. Unvermeidlicher Nachsatz: Es sollte mich nicht wundern, wenn weitere Forschungen ergeben würden, daß der »Schädling« dem Geschädigten einen uns heute noch unbekannten Dienst oder Nutzen leistet.

Verschwörungstheorie

In einem plausiblen Vergleich bezeichnet Carl Sagan die Wissenschaft als ein auf die Natur angewandtes paranoides Denken. »*Wir halten Ausschau nach Verschwörungen der Natur, nach Zusammenhängen zwischen scheinbar disparaten Daten.*«

Schmetterlingsflug

Vielen Lebewesen ist es gelungen, aus der mühevollen und gefährlichen Fortbewegung auf der Erdoberfläche in den Luftraum zu entrinnen. Nur wenigen Säugetieren ist dieses Kunststück geglückt, was vordem nur den Engeln vorbehalten war. Den Vögeln, soweit sie es nicht wieder verlernt haben, ist der Flug im dreidimensionalen Raum zu eigen, seit sie sich aus den gleitenden und rudernden Flugechsen herausgebildet haben. Den Hauptteil der erfolgreichen Flieger stellen jedoch die Insekten; Tausende, Zehntausende ihrer Art bewegen sich durch die Atmosphäre.

Es ist fesselnd zu beobachten, wie eine jede Gattung zu ihrer eigenen Flugweise gefunden hat, jede von ihnen beweglicher und der wechselnden Witterung anpassungsfähiger als der plumpe menschliche Versuch, mit Hilfe eines starr und gleichmäßig dahinziehenden Motorschiffs den Raum zu durchfahren.

Wem also könnte man die höchste Kunstfertigkeit unter den fliegenden Wesen zuerkennen?

Manchmal hatte ich den Verdacht, man müsse dem Kolkraben diesen Titel der Meisterschaft verleihen, denn ihm wird ja nachgesagt, daß er gelegentlich wie aus artistischem Übermut sich flugs auf den Rücken werfe, um bald danach wieder in geschickter Bahn weiterzuziehen. Ob das stimmt oder nicht, er vermag seine Flugbahn in erstaunlicher Weise zu meistern, wogegen er – als Rabenvogel der Familie der Singvögel angehörend – mit seinem sonoren Krächzen jedenfalls keine Anwartschaft auf einen Sangespreis beanspruchen kann.

Eher möchten wir glauben, daß der reglos im Aufwind hochkreisende Bussard oder die Schwalben mit ihrem schnellen Flug, dessen Richtung sie so abrupt zu wechseln verstehen, vielleicht auch der nimmermüde Mauersegler, der ihnen so ähnlich erscheint, aber als ein verkappter Kolibri gilt, die kunstvollsten Flieger wären, wenn es nicht unter den Insekten so verblüffende Flugkünstler gäbe.

Da sind die Libellen, die mit ihren unsichtbaren schmalen Hautflügeln schwirrend in der Luft zu stehen scheinen, ehe sie pfeilschnell davonschießend unserem Gesichtsfeld entschwinden. Und dann die großen und kleinen Fliegen, die an uns vorbeifegen, daß wir sie weniger mit dem Auge als mit dem Ohr wahrnehmen, ein kurzer surrenderr Ton. Aber sie alle werden übertroffen. Und zwar ausgerechnet von jener Gattung, deren Mitglieder gemeinhin als plumpe, taumelnde Flugstümper eingestuft werden – von den Schmetterlingen.

Es sind die Tagesschmetterlinge, die mit ihren großen farbigen Flügeln eine weithin sichtbare Beute für die hungrigen Vögel böten, wenn nicht einer ihrer Vorfahren, ganz am Anfang, als ihre Flügel noch kleiner waren, von einer Mutation befallen, gewissermaßen nur noch einen »hinkenden« Flug zustande brachte. Es war eine genetische Veränderung, wie sie wohl ähnlich dem Veitstanz beim Menschen zugrunde liegt. Mit derart unwillkürlichen Bewegungen torkelten der so betroffene Falter und seine Nachkommen durch die Luft, entgingen sie so den Zugriffen ihrer geflügelten Feinde und überlebten aufgrund ihrer hilfreichen »Krankheit« in größerer Zahl als ihre »gesunden« Artgenossen.

Aber diese unwillkürliche Bewegung in allen drei Dimensionen des Raums innerhalb kürzester Zeitspannen war nur der Anlaß zur Entwicklung einer ganz anderen, neuen Fähigkeit, die erst das Wunder des Schmetterlingflugs ausmacht: das Vermögen, durch blitzschnelle Willensentscheidungen einzugreifen und die Flugbahn genau zu bestimmen, einzugrenzen, abzulenken. Beobachten wir – weil seine lichten Flügel so deutlich zu sehen sind – einmal einen Kohlweißling beim irritierend taumelnden Anflug mit seinen anscheinend regellosen Bewegungen in fast gleichzeitig alle fünf Richtungen (nur die Rückwärtsbewegung ist ausgeschlossen). Er fliegt auf einen schütteren rotvioletten Perückenstrauch zu, und wir fürchten, das zarte Tierchen werde zerschellen. Aber staunend nehmen wir wahr, daß der Schmetterling genau durch die schmalen Laublücken hindurchsteuert, weder an einen Zweig stößt noch ein Blatt berührt, sondern das Hindernis mit einer unglaublichen Präzision durchfliegt.

Auch bei anderen Gelegenheiten vermögen wir diese absichtsvolle Einwirkung auf den Flugverlauf festzustellen. Von einer etwas höheren Bahn in der gewohnten veitstanzähnlichen Bewegung vermag der Falter, indem er die Flügel fest schließt, wie ein Messer die Luft zu durchschneiden und blitzschnell schräg nach unten zu fallen. Dicht über der Wiese setzt er seinen Flug fort, bis er die Blume erreicht, die ihn anlockt. Zielgenau vor der Blüte schwebt er mit gleichmäßig zitternden Flügeln zunächst fest in der Luft, dann steht er regungslos mit seinen dünnen Beinchen auf der nektarspendenden Pflanze. Er darf nun stillsitzen, denn seine Flügel fügen sich der bunten Natur so täuschend ein, daß kein Vogelauge ihn zu erspähen vermag.

Der Kuckucksruf

Die Rufe des Kuckucks signalisieren den unsteten Aufenthalt dieses Landstreichers, bald im Fichtenwald über uns, bald auf der Kahlschlagfläche, die nun wieder zu grünen beginnt. Er ist in diesem Jahr früher gekommen als in der Regel; was konnte ihm im tiefen Afrika anzeigen, daß nördlich des Mittelmeers ein warmer März die Vögel zeitiger als sonst zur Brut veranlaßt? Der Kuckucksruf rührt unsere Seele an. Nicht nur die lebhafte Erinnerung an Kindertage mag daran schuld sein, sondern das Gefühl einer tiefbedrohten Genugtuung, daß dieser alte Frühlingsbote – allen Veränderungen zum Trotz – noch da ist.

❧ ☙

Der Kuckuck verstummt

Heute morgen allein die Forststraße auf dem Imberg entlanggewandert. Durch die Bäume glänzt immer wieder der See hindurch. Die milchblaue Mondviole fängt zu blühen an. Ziemlich nahe ruft plötzlich der Kuckuck. Ich antworte ihm – offensichtlich zu ungeschickt. Da schweigt er. Meine Zumutung hat ihn beleidigt.

Abschied der Schwalben

Nach Abenden brausender Flugmanöver des kreisenden Schwarms Hunderter von Schwalben über dem Schilfteich im Tal plötzliche Stille im leeren Himmel. Die Girlanden der flüchtigen Sommerschrift sind aus dem Firmament entfernt. Der blaue Septembertag ist wie tot. Das Licht steigert die Melancholie. Dann, einige Tage danach, Anfang Oktober, plötzlich wieder ein paar Schwalben in engen Kurven über den Büschen an der Pferdeweide. Haben sie den Anschluß versäumt? Auch an weiteren Tagen kehren sie noch wieder. Ist das Gros ohne sie abgezogen? Was hält sie noch hier?

Da lese ich bei Vitus B. Dröscher, daß die Schwalben in kleinen Gruppen zu 20 bis 30 Vögeln die weite Reise über die Alpen unternehmen. Von Gewittern und Regenwolken bedroht, überqueren sie die Bergmassive, das Mittelmeer und die Wüste Sahara, wo ein Sandsturm ihr Leben auslöschen kann. Ins Geheimnis ihrer Orientierung dringt die Forschung inzwischen tiefer ein. Man weiß, daß sie die Himmelsrichtung an den Wellen des Erdmagnetismus »erkennen«; daß sie den Luftdruck und dessen Änderungen wahrnehmen und so Schlechtwetterzonen auszuweichen vermögen, ja, daß sie das Rauschen des Meeres aus kilometerweiter Entfernung vernehmen.

Das Ausschlagen des Asts

Fast Windstille. Und doch regen sich am Waldrand des Berghangs die flügelhaften Äste der Fichten in kaum sichtbaren, einander gegenläufigen Schwingungen. Da wird der Blick durch den zuckenden Ausschlag eines Asts angezogen, wo mit dunkelroter Brust ein Vogel – von der Wendung meines Kopfs erschreckt – im Walddunkel verschwindet. Einige kostbare Sekunden lang zeigt der stärker schwankende Ast die Realität der Erscheinung des unbekannten Vogels an. Dieses Schwanken wird wie ein Geschenk empfunden, das sich sogleich wieder in die Unbeweglichkeit des Waldes verliert.

Die Stunde der Säuger

Womit die Wissenschaft auch das plötzliche Aussterben der damals die Tagwelt beherrschenden Saurier erklären mag – fest steht, daß die bis dahin nur nachtaktiven Säugetiere erst nach dieser Katastrophe in die Tagesnische einzudringen vermochten, um sich dann zu den Herren der Welt zu erheben. Heute drängt sie der Mensch teilweise wieder in den Schutz der Dunkelheit zurück.

Abreise der Nachtigall

Ich horche in das Dunkel hinein, es bleibt still. Der vielstrophige, erfindungsreiche Gesang, der noch vor Tagen aus den Bäumen tönte, ist verstummt. Der gefiederte Nachbar ist auf die große Reise gegangen. Welch unendliches Vertrauen wohnt in der kleinen Brust der Nachtigall, die mutterseelenallein und nur in der Nacht 3000 Meter hoch zwischen dem Sternenhimmel und den Alpengipfeln fliegt, ohne Rast das riesige Mittelmeer überquert, aber dann in der Glut der Sahara reglos rasten muß, das Blut auf 60 Grad erhitzt. Wird sie alle Gefahren überstehen und zurückkehren im nächsten Frühjahr, hierher in den grünen Bergwald über dem See?

Vom Mythos der Delphine

Verschiedene Fabeln und Anekdoten berichten uns von der Verehrung, die das Altertum dem Delphin entgegenbrachte. Sein intelligentes Verhalten rief die Vermutung wach, daß er mehr als ein Fisch sein muß. Der griechische Autor Oppian (vermutlich der kilikische, dem wir ein fünfbändiges Lehrgedicht über den Fischfang verdanken) gibt uns dafür eine mythologische Begründung: »*Kein Wesen, das bisher erschaffen wurde*«, schreibt er, »*ist göttli-*

cher als die Delphine, denn sie waren einstmals Menschen und lebten zusammen mit anderen Sterblichen in den Städten, bis sie auf den Rat des Dionysos das Land mit der See vertauschten und die Gestalt von Fischen annahmen.« Der Mythos spricht in seiner zentralen Aussage die Wahrheit, ehe die Wissenschaft zu erklären vermochte, daß die Delphine in der Tat Säugetiere sind, deren Vorfahren vom Land ins Meer wechselten, und daß sie zu Gehirnleistungen fähig sind, die denen des Menschen kaum nachstehen dürften.

Die Rache der Delphine

»*Im Riesenaquarium eines ›Marine Land‹*«, so erzählt Rupert Riedl, »*hatte ein Freund von mir den Notruf der Delphine gelernt und im Tauchgerät unter ihnen sogleich ausprobiert. Sofort schossen drei Delphine heran und trugen ihn zur Oberfläche. Dies ist ihnen elementar, weil ein Delphin, dem übel wird, ertrinkt. Oben angekommen, hielt er das Experiment für beendet und wollte in Ruhe zur Stiege schwimmen. Da merkten die Delphine, daß sie angeführt worden waren in einer ernsten Sache und verprügelten ihn noch im Wasser.*«

Die indische Elefantenkuh

Die amerikanische Presseagentur Associated Press meldete im Januar 1977: »In der italienischen Stadt Pisa ist die 25jährige indische Elefantenkuh Sandra verendet. Sie hatte den Kummer über die Trennung von ihrem deutschen Dompteur nicht verwinden können. Sie verweigerte jegliche Nahrungsaufnahme, bis sie jetzt an Unterernährung zugrunde ging, wie die Zirkusleute gestern berichteten. Sandra war der Star des Unternehmens Circo do Brasil. Sie und ihr 35jähriger Dompteur Helmuth Krone waren 15 Jahre lang unzertrennlich gewesen, bis Krone im Dezember den Zirkus verließ. Seither nahm Sandra keine Nahrung mehr zu sich. Zirkusbesitzer Raoul Faggioni hatte vergeblich versucht, den Dompteur ausfindig zu machen, um ihn zur Rückkehr zu bewegen.«

Animal – anima

Es bleibt ein unbegreiflicher Widerspruch, daß die romanischen Völker – obwohl sie das Tier als »animal« bezeichnen und es also mit seiner Beseelung (anima) definieren, ihm in der Rechtsordnung nur den Rang einer Sache zugestehen.

Tauglicher Versuch am untauglichen Objekt

Zu welch ausgefallener List die Natur zu greifen vermag, wenn es ums Leben und Überleben der Art geht, demonstrieren Erdorchideen der Gattung Ophrys. Sie entwickeln ihre Blüten dergestalt, daß sie das Aussehen, die Behaarung und selbst den Geruch bestimmter weiblicher Insektenarten täuschend nachahmen. So versuchen dann Hautflügler der Gattungen Andrena und Eucera mit der Lippe dieser Orchideenblüten zu kopulieren – mit dem von ihnen unbeabsichtigten Erfolg, daß sie zwar nicht die eigene Artgenossin, aber die schöne Blüte befruchten, indem sie an ihrem Kopf haftende Pollen einer anderen Blüte auf die Narbe übertragen.

Täuschung

Da wir Beweglichkeit als eine Eigenschaft der höheren Lebewesen zu deuten gewohnt sind, empfinde ich die tänzerische Gemeinsamkeit, in der sich die beiden hohen Fichten im Winde biegen, fast mit Bewunderung – als handle es sich um eine willkürliche Leistung.

Stimmen der Stille

Das kalte, aber sonnige Maiwetter wird von einem für Kärnten ungewohnten Wind herangetragen. Vor der blauweißen Kulisse der schneebedeckten Gebirgsgipfel über dem lichtgrauen See bewegen sich lebhaft die Baumkronen in ihrem frischen Grün. Sobald der Wind zunimmt, läßt er die Fichtenzweige aufrauschen – und in dieses an- und abschwellende Grundgeräusch mischen sich die leisen Stimmen der noch zarten Buchen- und Pappelblätter. Die Birkenzweige, obgleich am heftigsten der Bewegung folgend, gestikulieren ganz lautlos. Von der entfernten Seestraße herauf ist das verborgene Dröhnen des Verkehrs nur gelegentlich vernehmbar, wie eine dunklere Untermalung der idyllischen Laute der Natur: ein weiches, gutmütiges Blöken der kleinen Schafherde des Bodner-Bauern unter uns und der bald hier, bald da erklingende Ruf des Kuckucks. Unheimlich nur das nie ganz verstummende Orgeln der Flugzeuge aus dem von ihren Kondensfahnen gestreifen Frühlingshimmel, ein Basso continuo der lästig-dominierenden Gegenwart der Technik; sein gurgelnder Tonfall besitzt einen mörderischen Akzent, den er für uns, die im Krieg waren, seit jenen Tagen nicht verlieren will.

Verdorben: Himmel und Stille

In den klaren Oktobertagen ist der Himmel über den südlichen Alpen auffallender als sonst von den weißen Kondensstreifen der Fluzeuge durchschnitten. Von den Luftströmungen verbreitet, zu Bögen oder geknickten Bahnen verschoben, drücken sie dem Firmament ein Muster der Willkür auf. Und je höher man in den Ortschaften, den Almen und Berghängen steigt, um so vernehmlicher, unüberhörbarer wird das an- und abschwellende Grollen der Düsenmotoren wie ein nicht enden wollendes Gewitter in der Ferne. Ich wundere mich, daß die Bewohner des Landes die pausenlose Befleckung des Himmels und den völligen Verlust der Stille nahezu klaglos hinnehmen. Diejenigen, welche Flugzeuge fliegen lassen, scheinen es als das selbstverständliche Recht der Hersteller, Betreiber und Nutznießer des fortschrittlichsten Verkehrsmittels anzunehmen, das älteste und heiligste Eigentum des Menschengeschlechts mit ihrem optischen und akustischen Abfall zu verderben: den Himmel und die Stille.

Natur und Kultur

Die Vielfalt unserer Museen von den Antikensammlungen über die Gemäldegalerien bis zu den Naturkunde- und Technikmuseen ist aus den »Kunst- und Wunderkammern« des 17. und 18. Jahrhunderts hervorgegangen. Diese Aufsplitterung des Kosmos der »Gebilde« als Folge der Aufklärung nimmt der Kunsthistoriker Horst Bredekamp zum Anlaß eines Vergleichs von natürlichen und künstlichen Gestalten. Er erinnert daran, daß noch der Bologneser Gelehrte Ulisse Aldovrandi, dem wir die erste systematische Auflistung der in Rom gesammelten Antiken verdanken, der Natur die Fähigkeit zusprach, Bildwerke zu erzeugen.

Dabei spielte wohl die Beobachtung und Gleichsetzung von dreierlei Gebilden eine Rolle: zunächst jener zufälligen Formen, denen erst unsere Phantasie den Zusammenhang einer bedeutungsvollen Gestalt verleiht, Gesteinsbrüche, Wurzeln, mineralische Ausblühungen und ähnliches; dann aller Fossilien, die man damals noch nicht als einstige Lebewesen zu deuten wußte; und schließlich der antiken Figuren, die man wie Fossilien aus dem Boden grub. Der Natur, die die Fülle der lebendigen Geschöpfe hervorgebracht hat, traute man auch zu, die Bildwerke aus Marmor geschaffen zu haben. Wurde doch auch die menschliche Kunst als Kunstfertigkeit verstanden, die sowohl symbolische Figuren als auch praktische Geräte zu bilden imstande ist. Und in der Tat lagen ja die lebenserhaltenden Absichten des künstlerischen und des technischen Erfinders so nahe, daß man beider Produkte als dem *einen* prometheischen Erbe entsprungen ansah.

Daß Prometheus so oft im Zusammenhang mit den Universalsammlungen genannt und gezeigt wird, dürfte übrigens weniger auf seinen Vergleich mit dem Sammler abzielen, als eine Berufung auf jenen kühnen Vermittler bedeuten, dem die Menschheit ihre götterähnliche »Kunstfertigkeit« verdankt. Sein Bild kann demnach als Fingerzeig auf die Verschwisterung von natürlichen und menschlichen Schöpfungen verstanden werden und also auf die Gleichberechtigung der Gebilde von Natur und Kunst in der gemeinsamen Wunderkammer.

Bredekamps These besagt, daß sich die Einheit von Natur und Kultur, wie sie sich in den Kunstkammern verkörperte, in heutiger Zeit auf eine neue Weise vorstellt und deshalb die seinerzeitige Dominanz der bildlichen Assoziationen wieder an Bedeutung gewinnt. Vielleicht erreicht die Spezialisierung der Wissenschaften einen Grad, bei dem die Gemeinsamkeiten und Zusammenhänge nicht mehr in ihren Sondersprachen, sondern nur noch in symbolischen, also visuellen oder visionären Beobachtungen festgestellt werden können. Brisanz für die wissenschaftliche Erkenntnis können solche Visionen freilich erst in dem Augenblick erzielen, da sie in sprachliche Formulierungen gefaßt werden können.

Das Voranschreiten der Strukturwissenschaften in unserem Jahrhundert läßt in der Tat die radikale Trennung der natürlichen und der kuturellen Syteme überwinden. Bei der zunehmenden Abstraktion in der Erfassung beider Bereiche scheint die Einheit des Wirklichen immer deutlicher hervorzutreten.

Zweifel am Verstand

In ihrem Buch mit dem Titel »Zweifel am Verstand« weisen die Autoren Noelle-Neumann und Maier-Leibnitz auf »das Irrationale als die neue Moral« hin. Dieses Mißtrauen gegenüber der Rationalität richtet sich im Zuge einer ökologischen Besinnung gegen eine Technisierung, die die Lebensgrundlagen bedroht. Da der Verstand der Verständigen die Gefährdung des Lebens auf dieser Erde nicht verhindern konnte, ist es kaum verwunderlich, wenn das der Technik zugrunde liegende Prinzip der wissenschaftlichen Rationalität in Frage gestellt wird.

❄❄

Selbstverschuldete Hilflosigkeit

Der Mensch, der sich gegen die Kälte mit den Fellen von Tieren schützte, fror zwar im Augenblick weniger, machte sich aber auf die Dauer, da er seine eigene Behaarung verlor, von seiner Erfindung immer abhängiger. Inzwischen hat es den Anschein, als ob sich das Menschengeschlecht in der von ihm selber geschaffenen Zivilisation größeren Schwierigkeiten gegenübersieht als zuvor in der naturgegebenen Welt. Längst ist manche Großstadt mit ihren vielfältigen Gefahren für ihn bedrohlicher geworden, als es einst der Urwald war; und die tägliche Flut der

Informationen schwemmt ihm immer seltener lebenswichtige Nachrichten zu, als ihm die einst spärlichen Signale vermittelten.

❧ ☙

Spartakus in Grün

Die »grüne Bewegung« ist das rebellische Kind der Industrialisierung und Verstädterung seit dem 19. Jahrhundert. Es gehört keine prophetische Gabe dazu vorauszusagen, daß sie mit zunehmender Technisierung unseres Lebens und der Wucherung unserer Großstädte in immer neuen Erscheinungsformen auftreten wird. »Wider die materielle Zivilisation« wandte sich 1918 (in der »Tat«, 10. Jahrgang, Heft 12) ein Beitrag, der den Titel trug: »Das grüne Manifest«, und sinnigerweise von einem Anonymus mit »Spartakus in Grün, an dem der rote sterben soll« gezeichnet worden war. Die grüne Bewegung versteht sich damals eindeutig als Teil der konservativen Revolution zu einer Zeit, als Linke den Fortschritt der Menschheit an die Elektrifizierung geheftet hatten. Der Inhalt des Manifests ist freilich von enttäuschender Schlichtheit. Er gipfelt in den Sätzen: »*Die alte Idee hieß Stadt. Es lebe die neue, die Generalidee des 20. Jahrhunderts, ›Land‹!*«

217

Umkehr der Anpassung

Das Katastrophale des technischen Zeitalters sind die Radikalität und die Geschwindigkeit, mit denen die Umkehrung der natürlichen Entwicklung betrieben wird. Bestand seit Anfang der Welt für alle Lebewesen die Notwendigkeit, sich der wandelnden Welt in evolutionären Schritten anzupassen – oder im Falle der Unfähigkeit abzutreten –, hat der Homo faber den umgekehrten Weg beschritten. Er paßte sich nicht mehr der Umwelt an, sondern veränderte diese seinen Bedürfnissen entsprechend. Je weiter dieser Prozeß voranschreitet, um so weniger umkehrbar wird er, und in seiner Konsequenz muß er zur Vernichtung der Lebensgrundlagen aller anderen Geschöpfe führen. Aber das Wörtchen »anderen« verrät nur den illusionären Charakter solcher Aussicht. Es gibt nur eine einzige, alle Wesen umfassende Lebensordnung auf dieser kleinen Erde. Mit jedem Lebewesen, auch dem kleinsten Insekt, das ausstirbt, verringert sich die Überlebenschance der Menschheit.

Zum hochtechnisierten Urzustand

Was sich in den zwei bis drei Milliarden Jahren organischen Lebens auf unserem Planeten als ein differenziertes System von gegenseitigen Abhängigkeiten entwickelt hat – und wovon wir erst eine lückenhafte Vorstellung besitzen, weil die vielseitigen Beziehungen unentwegt über die Grenzen unserer wissenschaftlichen Disziplinen hinwegreichen –, das wird bei einer tiefergreifenden Störung nur mit einem unvorstellbaren Aufwand in der Balance gehalten werden können. Bei intakter Natur leisten Hunderte von Arten und Billionen von Organismen der pflanzlichen und tierischen Lebensgemeinschaft freiwillig-unfreiwillig ihren Beitrag zur Aufrechterhaltung des biologischen Gleichgewichts; bei gestörter Natur müßte versucht werden, das alles durch gezielte menschliche Maßnahmen zu ersetzen, von denen nie mit Sicherheit vorauszusagen ist, ob sie nicht weitere Stützungsmaßnahmen erforderlich machen. Die Menschheit geriete, wenn solche Anstrengungen ihre Kräfte nicht insgesamt überforderten, in eine Art hochtechnisierten Urzustands, in dem kaum noch überschüssige Kräfte freiblieben, um das fortzusetzen, was sich vormals als Kultur herausgebildet hat.

Der Stein des Sisyphos

Bei fortschreitender Störung des ökologischen Gleichgewichts wird die Menschheit – von einem bestimmten
Punkt des »Umkippens« an – für das bloße Überleben soviel Energie, Intellekt und Geld aufzuwenden haben, daß
nahezu alle ihr Anstrengungen auf das bloße unentwegte
Wiederherstellen jenes labilen Gleichgewichts gerichtet
sein werden, das uns gerade noch überleben läßt. Wie
weiland Sisyphos, der mit seiner Schlauheit selbst die
Götter und den Tod überlistete, werden wir mit äußerster
Kraft den schweren, aus seiner natürlichen Lage entfernten Stein immer wieder um das gleiche Stück nach oben
wälzen müssen, das er stets von neuem nach unten rollt.

Wußte Konfuzius mehr?

※ ※

Demut und Geduld

Als Kung-Tse gefragt wurde, welche Tugenden am höchsten zu schätzen seien, antwortete der Meister: *»Demut und Geduld«*. Kurz darauf fuhr er mit Fang Tsch'i im Wagen. Da fragte ihn dieser, ob nicht die Tapferkeit als eine der höchsten Tugenden zu gelten habe. Kung sagte: *»Man hat noch keine größere Tapferkeit gefunden als die, die sich in Demut und Geduld bewährt.«*

Chinesisches Genugseinlassen

Auf den merkwürdigen Umstand, daß die Chinesen ihre fundamentalen Entdeckungen und Erfindungen nie zur Ausbildung einer technologischen Industrie benutzt haben, kommt auch Chargaff zu sprechen. *»Wer das grandiose Werk von Joseph Needham über Wissenschaften und Technik im alten China durchblättert, wird einen tiefen Eindruck von der Treffsicherheit davontragen, mit der jenes Volk zwischen Nützlichkeit und Übermaß unterscheiden konnte. Sie scheinen es verstanden zu haben«*, meint er, *»immer zwei Schritte vor der Schranke haltzumachen.«*

Nun dürfte der Gegensatz von Nützlichkeit und Übermaß keine überzeugende Formel sein, es sei denn, man geht von der Annahme aus, daß übermäßiger Nutzen sein Gegenteil hervorbringt, wofür manches sprechen mag. Daß man Raketen zum Beispiel nur zum Vergnügen benutzt, mag eine solche Beschränkung andeuten, denn im Wort Vergnügen hat die deutsche Sprache ein »Genugseinlassen« eingebaut. Es ist also ein fast chinesisches Wort.

Wirkung der Riten

Aufklärung und Demokratie haben versucht, das vielleicht wichtigste Bindemittel eines Kulturstaats, die Riten, durch Gesetze zu ersetzen. Mit deprimierendem Ergebnis. Ob es der modernen Ethologie gelingen wird, die Weisheit des Konfuzius zu rechtfertigen? Einer ihrer prominentesten Vertreter, Konrad Lorenz, hat die umfassende Wirkung dieser symbolischen Darstellung bestimmter Verhaltensmuster für Gemeinschaften von Lebewesen schon im Tierreich nachgewiesen. Riten bilden ein Verständigungsmittel, dessen Leistung wohl aus seiner vorbegrifflichen Kommunikationskraft stammt; sie erfüllen eine Funktion der »Eindämmung«, indem sie das Verhalten des einzelnen in feste Bahnen lenken; sie regen neue Motivationen an, die ins Sozialverhalten eingreifen; sie festigen das Gemeinschaftsgefüge und das Bewußtsein der Zusammengehörigkeit; sie wirken als Grundbausteine für eine Symbolisierung der Welt und gewinnen dadurch Erkenntniswert. Die Wahrnehmbarkeit der Riten gibt ihnen ihre Überlegenheit über alle Lehren und Ermahnungen, über die Gesetze. Sie sind sozusagen geforderte und gelebte Gesetze, deren »innerer Nachvollzug« sie zu einem »kognitiven Erlebnis« machen. Da der traditionelle Ritus auch die Gegenwart mit der Vergangenheit verbindet, stellt er eine Gemeinsamkeit der Lebenden mit den Ahnen dar und stiftet damit eine in religiöse Bereiche hinabführende Kommunikation mit den Toten.

Die harmlosen Wahrheiten

Fast alle Grundlagen, auf denen sich die moderne Wissenschaft und Technik, einschließlich der Kriegstechnik, erhoben hat, sind von den Chinesen erfunden worden, ohne daß sie sie angewandt hätten. *»Wahrheiten sind harmlos«*, hat der mehrfach ausgezeichnete Naturwissenschaftler Erwin Chargaff einmal festgehalten, *»solange man nichts mit ihnen anfängt.«*

❧ ☙

Ritus und Musik

Es gibt einen Übergang zwischen Kunst und Leben, der im Zeitalter der Beuysschen Formel Kunst ist gleich Leben immer weniger gangbar wird: der Ritus, die geformte, vom Geist geprägte menschliche Handlung außerhalb des religiösen Kults. Kung-Tse hat ihm – neben der Musik – die höchste Bedeutung für die menschliche Gesittung zugeschrieben. In ihm vereinigen sich – wie in der Musik – geistige und sinnliche Qualitäten. Die von unserem Körper vollzogene und mit allen unseren Sinnen wahrgenommene rituelle Handlung nimmt aufgrund ihrer Form Bedeutung an und gewinnt geistig-prägende Kraft.

In dem Buch Li Dji (Kapitel Djing Djiä 26) wird die formende Wirkung des Ritus auf den Menschen beschrieben: »*Der Einfluß des Ritus auf die Bildung des Menschen ist geheimnisvoll; er verhütet das Übel, ehe es erscheinen kann; er führt zum Guten und entfernt vom Bösen auf unmerkliche Weise.*«

Den sich gegenseitig ergänzenden Einfluß von Musik und Ritus erklärt Pierre Do-Dinh in seiner Konfuzius-Monographie: Der Ritus gliedert, die Musik schafft Einklang. »*Die Musik will Vertraulichkeit, Freundschaft, Vereinigung, Aufgeschlossenheit des Gefühls; der Ritus aber gegenseitige Achtung und Abstand. Sie ergänzen einander bei der Aufrechterhaltung der seelischen Ordnung und der sozialen Ordnung.*«

❦ ❦

Missionare

Angesichts des desolaten Zustands der Verhaltensnormen und des Lebensstils im heutigen Europa muß man die Courage bewundern, mit der christliche Missionare in alle Welt geschickt werden. Es spricht manches dafür, daß wir auf einen Vorschlag zurückkommen, den Leibniz schon in seinen »Novissima Sinica« von 1697 mit der Feststellung gemacht hat, »*es sei zu überlegen, ob man nicht konfuzianische Missionare zu Hilfe rufe, um die abendländische Sittenverderbnis einzudämmen*«.

Gesetze und Riten

Allen Gesetzen zum Trotz, die die legislativen Körperschaften in der Bundesrepublik während der letzten Jahrzehnte erlassen haben, ist das Leben der Bürger nicht unbeschwerter, nicht sicherer, nicht gerechter geworden. Die Kriminalität nimmt anscheinend in dem Maße zu, in dem die Gesetzesflut ansteigt. Die üblichen Bedenken gegen die inflationäre Vermehrung der Gesetze, daß durch sie die Bürokratisierung verstärkt und die Bewegungsfreiheit der Wirtschaft beschränkt werde, sind zwar richtig, berühren aber nicht den Kern des Problems. Man kann geistige oder moralische Veränderungen nicht durch Beschwörungen oder Verordnungen herbeiführen. Man könnte sich Rat holen bei Kung-tse, der vor fast 2500 Jahren schon wußte, daß ein Staat letzten Endes nicht durch Gesetze (fa), sondern durch die Riten (li) in Ordnung zu halten ist. Es wird viel davon abhängen, ob es uns gelingt, gründlicher darüber nachzudenken und zu neuen Vorstellungen zu gelangen, was man unter Riten – sichtbaren Handlungszeichen einer gemeinschaftlichen Gesinnung – in einem Staat des 20. Jahrhunderts zu verstehen habe. Mit dem Absingen der Nationalhymne durch die deutsche Fußballmannschaft ist es nicht getan.

Der französische »Himmelssohn«

Die verspielte Chinamode des frühen 18. Jahrhunderts, deren zahlreiche kunsthandwerkliche Adaptionen wir gern mit dem Ausdruck »Chinoiserien« verspotten, sollte uns nicht über die Tiefe der kulturellen Begegnung hinwegtäuschen, die sich damals zwischen den Gebildeten des Abendlands und dem Geist der chinesischen Kultur vollzogen hat. Ein Staatsakt Ludwigs XV. kann das deutlich machen. Dieser französische König eröffnete 1756 die Frühjahrsbestellung nach konfuzianischem Ritual. Wie der »Himmelssohn« zog er eigenhändig mit dem Pflug die ersten drei Furchen. Dieser Staatsakt beleuchtet den Einfluß, den der französische Physiokrat François Quesnais – von seinen Anhängern »le Confucius européen« genannt – auf das Bourbonenhaus ausübte. Der König eines damals noch überwiegend bäuerlichen Volks sollte – wie der Kaiser im Reich der Mitte – auch der erste Bauer des Staates sein.

Vergeltung und Gerechtigkeit

Es gibt – was schon die Jesuiten am Hof des »Himmels-sohns« mit Genugtuung festgestellt haben – eine Reihe von Berührungspunkten der Lehren des Konfuzius mit der des Jesus von Nazareth. So die Antwort des chinesi-schen Weisen auf die Frage seines Schülers Dse Gung, ob es ein Wort gäbe, das für ein ganzes Leben als Richtschnur dienen kann. Konfuzius sagte: »*Nächstenliebe. Was du dir selbst nicht wünschest, tue nicht anderen an.*« Aber sehr bald wird auch der Unterschied deutlich, der die Forde-rung des Evangeliums von der praktischen Lebensauffas-sung des Konfuzius unterscheidet. Als dieser nämlich über die Grenzen der Güte (jen) befragt wurde: »*Was ist von dem Wort zu halten ›Vergelte Böses mit Gutem‹*«, da stellte er die Gegenfrage: »*Womit soll man dann Gutes ver-gelten?*«, und gab den Rat: »*Vergelte Böses mit Gerechtig-keit und Gutes mit Gutem.*«

❧ ❦

Christus und Mo Ti

»*Wer das Schwert ergreift, wird durch das Schwert um-kommen.*« Wenn Christus das in der Bibel überlieferte Wort wirklich gesprochen hat, gibt er damit etwas von der Weltfremdheit zu erkennen, die viele Überzeugungen

der nahöstlich-europäischen Denkart kennzeichnet. Wie
er, so predigte auch – 400 Jahre vor ihm – der chinesische
Philosoph Mo Ti die allumfassende Liebe unter den Menschen. Aber der pragmatische Chinese glaubte an ihre
Verwirklichung nur, wenn durch eine militärische Aufrü-
stung aller Staaten sich keiner von ihnen aus einem An-
griffskrieg Vorteile erhoffen könnte. Hätte der Weise aus
dem Reich der Mitte seine Welterfahrung auf diesem Gebiet in einem Satz zusammenfassen sollen, hätte er
schreiben müssen: Wer das Schwert nicht ergreift, wird
durch das Schwert umkommen.

Konfuzius und die Kommunisten

Die chinesischen Kommunisten sitzen in einer Zwick-
mühle. Kein geringerer als Konfuzius hat sie hinein-
manövriert. Denn seine *»Religion, die keine Priester, aber
unzählige Gläubige hat«*, wie sich Pierre Do-Dinh aus-
drückte, ist die Verkörperung des chinesischen Geists
schlechthin. Das Dilemma lautet: *»Wenn der Kommunismus sich China anpaßt, ist er in Gefahr, von ihm ver-
schluckt zu werden; wenn er es nicht tut, ist er in Gefahr,
verworfen zu werden.«*

Japanische Einigung

Mitsuko Uchida, die berühmte Pianistin aus dem Reich der aufgehenden Sonne, antwortete kürzlich auf die Frage nach der Besonderheit der japanischen Sprache: *»Ist eine interessante Sprache, vor allem, wenn man im unklaren bleiben will. Psychologisch gesehen ist sie nicht dazu da, um zu diskutieren, sondern um sich zu einigen, auch wenn man anderer Meinung ist.«*

Pekings Gefährdungen

Als Kaiser Yung Le im Jahre 1403 die chinesische Residenz in die »nördliche Hauptstadt« verlegte, ein Unterfangen, das die Verlagerung des Regierungssitzes von Bonn nach Berlin bei weitem überflügelte, da gab es zwei große Gefährdungen, denen man zu begegnen wußte.

Die flußlose Stadt hatte genug Grundwasser, man wohnte also auf einem unterirdischen Strom, der womöglich die gleichen Überschwemmungen hervorzubringen imstande war, wie man sie von den Riesenströmen des Landes zur Genüge kannte. Man fürchtete, daß der »Drachen des Wassers« eines Tages aus dem großen Brunnen neben dem Hatamen-Tor auftauchen und mit seinem nassen Rachen Häuser und Menschen verschlingen könnte. So ließ man den Brunnen bewachen und stellte riesige Schildkröten aus Marmor auf. Diese haben ihren Auftrag getreulich erfüllt – jahrhundertelang. Vor kurzem hat man sie – zusammen mit dem Brunnen – beseitigt, um eine neue Straße anzulegen. Und nun beginnt die Überschwemmung: der vom Öl aus der Tiefe getriebene Verkehrsstrom überflutet und verwüstet die Stadt und verdirbt ihre Bewohner.

Und die zweite Gefahr, die Eindringlinge von außen, gegen die man schon die große Mauer im Westen errichtet hatte, wollte man durch mächtige Stadtmauern abwenden, die einem besonderen Schutzgott unterstellt waren; ihn wußte man durch das Abbrennen von Räucherstäbchen gewogen zu halten – durch alle Jahrhunderte. Keinem der vielen Barbareneinfälle gelang es, die wehrhafte Einfriedung der nördlichen Hauptstadt zu durchbrechen. Seit dem 1. Oktober 1949, da Mao Tsetung mit seinen Heerscharen in die Stadt einzog (die nationalistischen Generäle hatten die Kapitale übergeben, um Zerstörungen zu vermeiden), fallen die Mauern Pekings Stück für Stück. Die neuen Eindringlinge, die siegreichen kommunistischen Chinesen, zerstören jetzt die eigene Hauptstadt.

❧ ❧

Christen, Kommunisten und Konfuzius

Daß sich Christentum und Konfuzianismus durchaus vereinen ließen, diese Überzeugung gewannen die Jesuiten am Beginn des 17. Jahrhunderts. In den konfuzianischen Schriften, so stellte Matteo Ricci nach gründlichen Studien erleichtert fest, sei kein Satz enthalten, der im unversöhnlichen Widerspruch zur christlichen Lehre stehe. Ein ähnlicher Erkenntnisprozeß könnte sich jetzt in den Köpfen führender Chinesen vollziehen und die Widerspruchslosigkeit zwischen den sozialistischen Idealen und der Ethik des Konfuzius entdecken. So ließe sich – nach den Erschütterungen der nationalen Identität seit der Mitte des vorigen Jahrhunderts – endlich wieder die revolutionär veränderte Gegenwart mit der Geschichte Chinas versöhnen. Und was könnte eine Staatsführung gegen die Wiederbelebung der fünf konfuzianischen Kardinaltugenden einzuwenden haben: Menschlichkeit, Rechtschaffenheit, anständiges Verhalten, Weisheit und Treue?

Selbstbildnis des Konfuzius

Der Statthalter von Schö hatte einmal einen der Schüler des Konfuzius, den Dse Lu, über seinen Meister befragt. Der aber wußte nicht, was er hätte sagen können. Als er dem Konfuzius davon berichtete, meinte dieser: »*Warum hast du nicht einfach gesagt: Er ist ein Mensch, der in seinem Eifer das Essen vergißt, der in seiner Freude den Kummer vergißt und der nicht merkt, wie das Alter herankommt.*«

Literatur

Landmann, Michael: Fundamental-Anthropologie, Bonn 1984 (2. Auflage)

Chargaff, Erwin: Zeugenschaft, Stuttgart 1985

Oeser, Erhard und Seitelberger, Franz: Gehirn, Bewußtsein und Erkenntnis, Darmstadt 1988

Köhler, O.: Tiersprachen und Menschensprache, in: Kreatur Mensch, München 1969

Berger, Klaus: Historische Psychologie des Neuen Testaments«, Stuttgart 1991

Shi Ming: Schwarze Augen, Frankfurter Allgemeine Zeitung (FAZ), 10. November 1993

Kubler, George: Die Form der Zeit, Frankfurt/Main 1982

Küppers, Bernd-Olaf: Der Ursprung biologischer Informationen, München 1986

Moltmann, Jürgen: Mensch, Stuttgart 1971

Weizsäcker, Carl Friedrich von: Wahrnehmung der Neuzeit, München 1983

Richter, Horst E.: Der Gotteskomplex, Reinbek bei Hamburg 1979

Marc, Franz: Briefe, Schriften und Aufzeichnungen (Hrsg.: Günter Meißner), Leipzig/Weimar 1980/89, an seine Frau vom 6. Oktober 1915

Riedl, Rupert: Begriff und Welt, Berlin/Hamburg 1987

Arecchi, Tito, in: Liber, 1. Jg., Okt. 1989, S. 16 (Beilage zur FAZ)

Chomsky, Noam: Sprache und Geist, Frankfurt/Main 1973

Kolakowski, Leszek: Die Gegenwärtigkeit des Mythos, München 1973

Lorenz, Konrad: Die Rückseite des Spiegels, München 1973 (dtv)

Moxter, Michael: Gott ist nur scheintot, FAZ, Frankfurt/Main, 26. April 1995

Pieper, Joseph: Thomas von Aquin, Leben und Werk, München 1981 (dtv)

Jamme, Christoph: »Gott an hat ein Gewand«, Grenzen und Perspektiven philosophischer Mythos-Theorien der Gegenwart, Frankfurt/Main 1991

Goodman, Nelson: Weisen der Welterzeugung, Frankfurt/Main 1984

Prigogine, Ilya: Dialog mit der Natur, Neue Wege naturwissenschaftlichen Denkens, München 1981

Wunderlich, Hans Georg: Die Steinzeit ist noch nicht zu Ende. Eine Psycho-Archäologie des Menschen, Reinbek bei Hamburg 1974

Holm, Kerstin: Eine Wiege der Menschheit im unwirtlichen Jakutien, FAZ vom 10. November 1993

Jaynes, Julian: Der Ursprung des Bewußtseins durch den Zusammenbruch der bikameralen Psyche, Reinbek bei Hamburg 1988

Kramer, Samuel Noah: Mesopotamien, Reinbek bei Hamburg 1971

Exner, Walter: Moai, Osterinsel-Bautasteine, Wikinger in der Südsee?, Waldeck 1996

Huppertz, Josefine: Kulturtraditionen der Osterinsulaner und ihre Christianisierung, Würzburg-Stürtz 1994

Sagan, Carl: Die Drachen von Eden, München/Zürich 1978

Kondylis, Panajotis: Der Niedergang der bürgerlichen Denk- und Lebensformen, Berlin 1991

Cortázar, Julio: Unzeiten, Frankfurt/Main 1990

Warnke, Martin: Durchblick ins Diesseits, in: FAZ vom 18. April 1992

Wolf, Walther: Die Kunst Ägyptens, Stuttgart 1975

Riedl, Rupert: Der Wiederaufbau des Menschlichen, München 1988

Barbaud, Pierre: Joseph Haydn, Reinbek bei Hamburg 1960

Zihlmann, Rudolf: Tod und Wiederkehr der Musen, in: Gerd Klaus Kaltenbrunner (Hrsg.): Was aber schön ist, München 1983

Welsch, Wolfgang: Unsere postmoderne Moderne, Weinheim 1987

Fellmann, Ferdinand: Der Mensch und die Bilder, in: Carolo Wilhelmina Mitteilungen der TU Braunschweig, Heft II 1989

Miksche, Ferdinand Otto: Das Ende der Gegenwart, 1990

Bauer, Jehuda: Freikauf der Juden?, Frankfurt/Main 1996

Überschär, Gerd R.: Hitlers militärische Elite, Darmstadt 1998

Kießling, Günter: Besprechung des Buches von Überschär, FAZ vom 8. Juli 1999

Gay, Peter: Die Republik der Außenseiter, Geist und Kultur in der Weimarer Zeit 1921–1933, Frankfurt/Main, 2/1987

Welsch, Wolfgang: Unsere postmoderne Moderne, Weinheim 1987

Schütz, R.: Ökologische Aspekte einer naturphilosophischen Ethik, 1984

Oecologia, Bd. 87, S. 219

Bredekamp, Horst: Antikensehnsucht und Maschinenglauben. Die Geschichte der Kunstkammer und die Zukunft der Kunstgeschichte, Berlin 1993

Do-Dinh, Pierre: Konfuzius, Reinbek bei Hamburg 1960

Wilhelm Weischedel
Die philosophische Hintertreppe

Intelligente und unterhaltsame Einführung in die Philosophie und Denkvergnügen für alle, die sich dem Thema auf unkonventionelle Art nähern wollen.

»Weischedel machte die überraschende Entdeckung, dass der Weg zum Verständnis großer Philosophen einfacher und direkter über die Hintertreppe, durch Küche und Schlafzimmer führe als durch dickleibige Folianten oder über gescheite Interpretationen ihrer Werke.«

Der Spiegel

368 Seiten, ISBN 978-3-485-00863-1, nymphenburger

Als Hörbücher bei Langen*Müller* I **Hörbuch:**

Die philosophische Hintertreppe Vol. 1
2 CDs, ISBN 978-3-7844-4027-9
Die philosophische Hintertreppe Vol. 2
2 CDs, ISBN 978-3-7844-4055-2
Die philosophische Hintertreppe Vol. 3
2 CDs, ISBN 978-3-7844-4058-3

Lesetipp

BUCHVERLAGE
LANGENMÜLLER HERBIG NYMPHENBURGER
WWW.HERBIG.NET

Heinke Sudhoff
Ewiges Bewusstsein

Vierzig Zeitreisen durch Urgeschichte und Unendlichkeit

Dank ihrer medialen Begabung gewinnt Heinke Sudhoff im veränderten Bewusstseinszustand Einblicke in die Urgeschichte der Menschheit. Sie berichtet authentisch von den Anfängen des intelligenten Menschen vor 70.000 Jahren, von Megalithen und magischen Steinen, von Kult und Kosmologie, von Genen und Göttern. Sie hat Zugang zum Reich der Toten, zu den Gefilden der Seligen, zu uraltem mystischen Wissen und dem Zyklus der Weltzeitalter.

Die Autorin beschreibt aber auch subatomare Phänomene jenseits der Raum-Zeit. In Regressionssitzungen »durchlebt« sie kosmische Unendlichkeit und irdische Leben. Sie entdeckt den »roten Faden«, der alle Leben verbindet und sinnvoll macht.

384 Seiten, ISBN 978-3-8004-1469-7
Universitas

Lesetipp

**BUCHVERLAGE
LANGENMÜLLER HERBIG NYMPHENBURGER**
WWW.HERBIG.NET